365 DNI Z KOCHANYM MALEŃSTWEM

SHEILA ELLISON SUSAN FERDINANDI

365 DNI Z KOCHANYM MALEŃSTWEM

Jak bawić się, rozwijać i poznawać świat
od noworodka do dwulatka

PRZEŁOŻYŁA: JOANNA ANDRZEJEWSKA

BUCHMANN

Opisane zabawy muszą odbywać się pod należytą opieką dorosłych, a rodzice i opiekunowie powinni starannie dobrać je do wieku dziecka. Autorzy ani wydawca nie ponoszą odpowiedzialności wobec żadnej osoby ani instytucji za jakiekolwiek nieszczęśliwe wypadki czy zniszczenia, bezpośrednio lub pośrednio powstałe wskutek informacji zawartych w niniejszej książce.

Tytuł oryginału: 365 Days of Baby Love. Playing, Growing and Exploring with Babies from Birth to Age 2.

Wydanie III
Warszawa 2018

Podziękowania

Dla mojej siostry i współautorki, Sheili Ellison, za szczerą zachętę i trafne porady, jakich udzielała mi w czasie pracy nad książką.

Susan

Dla moich dzieci, Brooke i Rhetta, za podsuwane pomysły i rysowane z zapałem obrazki; dla Wesley, która nie tylko rysowała, ale i przygotowała do druku więcej ilustracji niż ja; dla moich rodziców, Lancy i Dave'a Maleyów, za ich nieocenioną opiekę. Szczególne podziękowania dla Bryana Hidalgo za redakcję, korektę i twórcze wsparcie.

Sheila

Autorki pragną także serdecznie podziękować dzieciom, które zilustrowały tę książkę, oraz ich nauczycielom, Robinowi Toewsowi i Ardath Kroner.

Dedykacje

Mojemu synowi Troyowi z wdzięcznością – za to,
że nauczyłam się od niego, iż wszystkie przeszkody można
pokonać. Za to, że codziennie zachęcał mnie do pracy
do stawiania czoła wyzwaniom

Sheila Ellison

Mojemu mężowi, Dale'owi, i dzieciom, Dillonowi i Elizabeth.
Dziękuję za każdy dzień waszego dzieciństwa.

Susan Ferdinandi

Wstęp

Wszystkie dni wczesnego dzieciństwa mają w sobie coś magicznego. Od chwili narodzin dziecka do momentu, kiedy skończy ono dwa latka, spędzamy z nim mnóstwo czasu. Pielęgnujemy je, uczymy, nosimy na rękach, przeżywamy razem jego pierwsze doświadczenia. Dziecko zdobywa nowe umiejętności tak błyskawicznie, że czasem ze zdumieniem odkrywamy, iż ma już za sobą kolejny etap rozwoju. Ta książka podpowie wam, jak najradośniej przeżyć wspólnie z maleństwem te niezwykłe dni. Piszemy o okresie raczkowania, gaworzenia, o kontaktach dziecka z przyrodą, muzyką, sztuką, o rozwoju sprawności fizycznej, zmieniających się relacjach rodzinnych, o więzach z dziadkami, rodzeństwem, zabawach w parkach i w wodzie, o pokoju dziecinnym i zabawkach.
W poszczególnych rozdziałach opisane są czynności, które dziecko powinno umieć wykonać przed skończeniem dwóch lat. Ponieważ jednak nie tylko wiek decyduje o możliwościach twojego synka czy córeczki, trzeba po prostu metodą prób i błędów ustalać, co dziecko potrafi i lubi robić. Trzeba je obserwować, to najlepszy sposób; bacznie więc przyglądajcie się, jak rozwija się nowa osobowość. Dzieci dają nam radość, uczą nas życia – jest to wspaniały dar!

Dobre rady:

Dobre rady przysyłali nam rodzice z całego kraju; dzielą się w nich swoją wiedzą, sekretami, umiejętnościami. Jesteśmy wdzięczne, że zechcieli opisać swoje doświadczenia.

Sheila Ellison   Susan Ferdinandi

Spis treści

OPIEKA

1. Budowanie więzi
2. Ojej, znów mokro?!
3. Słodkie chwile
4. Bezpieczne poznawanie świata
5. Kiedy dziecko chwyta łyżkę
6. Prawo dziecka do płaczu
7. Najpierw pomyśl
8. Wybór należy do ciebie
9. Sztuka mówienia
10. Czy już pora?
11. Wyprawy do łazienki
12. Ubieranie
13. Codzienny harmonogram

JĘZYK I DŹWIĘKI

14. Przyjazne pomruki
15. Ta-ba-da-ba
16. Mama i dziecko proszą piekarza
17. Paluszki-sroczki
18. Buzia
19. Daj
20. Posłuchajmy tego jeszcze raz
21. Opisywanie świata
22. Rymowanki na szczęśliwe chwile
23. Nosek, oczy, rączki
24. Fi, fo, fuk
25. Na paluszkach
26. Wierszyk dziecka
27. Kto robi „muuu"?
28. Słowa i ruch
29. Gdzie, gdzie, gdzie?
30. Duże czy małe?
31. Rozmowa przez telefon

PORA SPAĆ

32. Tylko my
33. Ukołysz dziecko
34. Wieczorny ceremoniał
35. Całowanki
36. Koncert życzeń
37. Opowiastki o przyjacielu z wyobraźni
38. Uścisk miłości
39. Rozwijanie wyobraźni
40. Dziecko nie chce spać
41. Poduszka-zasypianka
42. Mycie zębów
43. Plan zajęć na wieczór

POKÓJ DZIECKA

44. Przyjazny dla alergików
45. Dbaj o bezpieczeństwo
46. Fresk
47. Tablica
48. Fototapeta
49. Szkatułka dobrych życzeń
50. Kolorowe światła
51. Co tam wisi?
52. Kuferek z pamiątkami
53. Wielobarwne schowki
54. Nieustający wernisaż

55. Przyjaciele i rodzina
56. Dziecięce muzeum
57. Aktualny portret

PAMIĘTNIK ZDARZEŃ I UCZUĆ
58. Listy do dziecka
59. Staw czoło kłopotom
60. Listy urodzinowe
61. Co mówisz?
62. Myśli pozytywne
63. Dlaczego tak mam na imię?
64. Wymarzony dzień
65. Dzienniki
66. List do siebie
67. Autobiografia
68. Marzyć odważnie
69. List dziękczynny

RUCH
70. Codzienny spacer
71. Masaż
72. Poranna gimnastyka
73. Naprężanie mięśni
74. Wić się jak dżdżownice
75. Przetańczyć całą noc
76. Latające dziecko
77. Zabawa z szarfami
78. Mały alpinista
79. Pantomima bliźniaków
80. Wspólny wariacki taniec
81. Przynieś
82. Kształty
83. Mój mały wędrowiec

MUZYKA
84. Wyśpiewaj imię dziecka
85. Piosenki dziecka
86. Śpiewające pojemniczki
87. Głos twojego dziecka
88. Dzwoneczki na rączkach i nóżkach
89. Zgadnij, co to?
90. Ukryta muzyka
91. Pałeczkami do rytmu
92. Żartobliwe piosenki
93. Gumowy instrument
94. Tam-tam
95. Proszę ciszej, proszę głośniej
96. Stepujące paluszki
97. Opowiastka z efektami dźwiękowymi

ZABAWKI
98. Czarno-białe obrazki
99. Zwisaki
100. Dotyk tkaniny
101. Obrazki do żucia
102. Ciche grzechotki
103. Turlak
104. Nasza własna książka z obrazkami
105. Palce-laleczki
106. Zabawa z klamerkami
107. Nawlekamy
108. Pudełko do młotkowania
109. Łapka na korale
110. Papierowe piłki
111. Kuchnia dziecka

NA PODŁODZE
112. Zaczarowane lustro
113. W jego świecie
114. Pudło ze skarpetami
115. Toczek z niespodziankami
116. Poraczkujmy
117. Płatki do zabawy
118. Magiczna sztuczka
119. Rozpakuj!
120. Puszka w poduszce
121. Mój piękny balon
122. Hocki-klocki
123. Dobierz je w pary
124. Zakręcanie i otwieranie
125. Intrygująca skrzynka
126. Zjeżdżalnia z tuby
127. Skarpetkowe piłki
128. Wyrzutnia

SZTUKA
129. Sztuka to działanie
130. Układanka
131. Wesołe zgniotki
132. Palce, ręce, łokcie też
133. Roztańczona kreda
134. Kolorowy papier ścierny
135. Pudełko to tylko pudełko?
136. Gryzmoły
137. Ruchome arcydziełko
138. Kształty
139. Kartoflane pieczątki
140. Naoliwiona folia
141. W poszukiwaniu kolorów
142. Witraż
143. Kleksy
144. Akwarela
145. Sztuka pieczątkowania

NATURA
146. Spotkania ze zwierzętami
147. Niezwykłe drzewo
148. Bezkresne niebo
149. Poczuć wiatr
150. Obserwowanie ptaków
151. Co tak pachnie?
152. Zasadźmy ziarnko
153. Muzeum przyrody
154. Tort piaskowy
155. Waza z cudami natury
156. Co się dzieje z księżycem
157. Zasadzka na żyjątka
158. Desenie z drzew i liści
159. Jajogłowi
160. Gwiazda dobrych życzeń
161. Wschód słońca
162. Przyrodnicze zgadywanki

ZABAWY W TEATR
163. Pan Księżyc
164. Konna przejażdżka
165. Pajączek
166. Gadu-gadu
167. Morskie przygody
168. Pod parasolem
169. Raz dokoła!
170. W poszukiwaniu misia
171. Wędrujący dywan
172. Zabawa w ciężką pracę

173. Górski niedźwiedź
174. Chcę być...
175. Ola i Pawełek
176. Pudło-garderoba

OPOWIEŚCI
177. Światło księżyca
178. Coś ci opowiem
179. Mały kolekcjoner
180. Widzieć znaczy uwierzyć
181. Ruchliwe historyjki
182. Bajki o przytulankach
183. Obrazki z wyprawy
184. Rysuj i opowiadaj
185. Historyjka-układanka
186. Teatrzyk cieni
187. Mieszkańcy drzew

WYRABIAĆ I LEPIĆ
188. Ciasto do zabawy
189. Inne ciasto – bez gotowania
190. Ciasto dla małego piekarza
191. Precelki z ciasta serowego
192. Nadziewaniec
193. Ciasto superelastyczne
194. Zabawa w starym stylu
195. Ciasto kukurydziane 1.
196. Ciasto kukurydziane 2.
197. Praca z gliną

ZABAWY Z WODĄ
198. Pływający wieniec
199. Bąbelki i fale
200. Z pojemnikami w wannie
201. Chodnikowe malowidła
202. Zmywanie
203. Letnia ślizgawka
204. Chlapu, chlapu, chlap!
205. Bąbelki dla dziecka
206. Szczęśliwy pomocnik
207. Jedne pływają, inne nie pływają
208. Tęcza-niespodzianka
209. Lodowe szaleństwo

ODPOCZYNEK W PARKU
210. Spacer
211. Śniadanie na trawie
212. Jak wybrać park
213. Na huśtawce
214. Gotowi na wszystko
215. W piaskownicy
216. Przewidzieć kłopoty
217. Liściasty przyjaciel
218. Cześć, latawcu!
219. Mały poszukiwacz skarbów
220. Pięć, sześć, gałązkę weź
221. Co twoje, to moje

UROCZYSTOŚCI
222. Podwieczorek dla sąsiadów
223. Dziecko przespało całą noc
224. Przyjęcie dla starszych dzieci
225. Urodziny
226. Tematyczne przyjęcie urodzinowe
227. Paczka do przesuwania
228. Giełda dziecięcych rzeczy używanych
229. Pudełko na podziękowania

230. Zimowy piknik
231. Dalej, pośpiewajmy
232. Ranek Bożego Narodzenia
233. Tacy byliśmy
234. Idzie wiosna
235. Usłużni mężowie

GDY RODZINA SIĘ POWIĘKSZY...
236. Punkt widzenia
237. Dziennik rodzinny
238. Doskonała niedoskonałość
239. Pocztówki do dziecka
240. Nauka współodczuwania
241. Kim jesteś?
242. Słodkie nieróbstwo
243. List miłosny
244. Nowe tradycje
245. Na ścieżkach przeszłości
246. Niespodzianka
247. Półgodzinna rozmowa
248. Domowe filmy
249. Rozrywkowa randka
250. Wagary

MACIERZYŃSTWO
251. Kim jest matka?
252. Herbatka dla siebie
253. Wyrzec się kontroli
254. Plakat z marzeniami
255. Pisz kartki
256. Wzór do naśladowania
257. Trochę rozrywki
258. Odlotowe sprzątanie
259. Uczcie się razem
260. Dom w kwiatach
261. Album na najwspanialsze zdjęcia
262. Grunt to organizacja
263. Piękna mama
264. Weekendowa ucieczka

CZAS NA TATĘ
265. W świecie dziecka
266. Kim jest ojciec?
267. Tatusiowie
268. Matka i żona
269. Przenieś się w świat fantazji
270. Specjalności tatusia
271. Kim jesteś?
272. Wieże, tunele i namioty z pudeł
273. Sam na sam z dzieckiem
274. Doręczyciel starych listów
275. Pociąg z pudełek po butach
276. Zwierzenia
277. Seks po dziecku

RODZEŃSTWO
278. Jesteście wspaniali!
279. To mój portret
280. Dziecięcy album ze zdjęciami
281. Bohater opowieści
282. Koszulki starszego rodzeństwa
283. Co czujesz?
284. Teatrzyk kukiełkowy
285. Mozaika z darów natury
286. Książeczka własnej roboty
287. Pieczone łapki

288. Mali poszukiwacze
289. Krąg miłości
290. Dzieło sztuki w butelce
291. Stołowa przygoda
292. Gdzie twoja butelka?

BABCIA I DZIADEK
293. Co mam robić?
294. Towarzystwo dla wnuka
295. Właściwe zakupy
296. Przygotowania do wizyty wnuków
297. Ku pamięci
298. Zabawić wnuki
299. Tradycje
300. Sesje fotograficzne
301. Indywidualne rozmowy
302. Uwiecznione wspomnienia
303. Wasz ogródek
304. Ulubione książki
305. Tata i mama jako dzieci
306. Babcine pudełko z biżuterią
307. Wyjątkowa kołysanka

POZA DOMEM
308. Rady na drogę
309. Dokąd pójść
310. W restauracji
311. Arcydzieła z serwetek
312. Zabawa w sklepie
313. But
314. Naszyjnik obserwatora
315. Zabawa w dotykanie
316. Posłuchać świata
317. Małe oczka
318. Zwariowane zdjęcie
319. Nawiąż rozmowę
320. Naszyjnik do jedzenia
321. Liczmy razem

DZIECIĘCE KLUBY I ORGANIZOWANIE OPIEKI
322. Zakładanie dziecięcego klubu
323. Opiekunowie klubu dziecięcego
324. Kwestionariusz dla rodziców
325. Spółdzielnia opiekunów
326. Pomoc domowa
327. Jak dzieci bawią się razem?
328. Uspokojenie
329. Parada zabawek
330. Mały zajączek Fu Fu
331. W kółku
332. Woreczki z fasolą
333. Bieg z atrakcjami
334. Zastygamy
335. Kilka innych zajmujących zabaw
336. Pożegnanie

JEDZENIE
337. Pierwszy sok z jabłek; Sok z marchwi
338. Zupa jarzynowa z dodatkiem oliwy z oliwek
339. Mięso kurcząt z jabłkiem; Deser ryżowo-jabłkowy
340. Kisiel mleczny z żółtkiem; Zupa pomidorowa z ryżem i mięsem królika

341. Jarzynka z mięsem cielęcym; Zupa jarzynowa z płatkami jęczmiennymi
342. Pasta drobiowo-jarzynowa; Owoce z jogurtem
343. Pulpety z mięsa cielęcego i kaszki manny
344. Bukiet warzyw z jajem
345. Twarożek; Napar ziołowy
346. Owoce w czekoladzie
347. Jajko w bułeczce; Pieczone parówki
348. Pyszności z kuchni babci
349. Artystyczne naleśniki
350. Kurczak dla wielbicieli miodu
351. Kolorowe tortowe kanapki

ROZWÓJ

352. Pierwsze dwa miesiące życia dziecka – praca mięśni dużych i mniejszych
353. Pierwsze dwa miesiące – uczucia i myśli
354. Od trzeciego do piątego miesiąca – praca mięśni dużych i mniejszych
355. Od trzeciego do piątego miesiąca – uczucia i myśli
356. Od szóstego do ósmego miesiąca – praca mięśni dużych i mniejszych
357. Od szóstego do ósmego miesiąca – uczucia i myśli
358. Od dziewiątego do jedenastego miesiąca – praca mięśni dużych i mniejszych
359. Od dziewiątego do jedenastego miesiąca – uczucia i myśli
360. Od dwunastego do siedemnastego miesiąca – praca mięśni dużych i mniejszych
361. Od dwunastego do siedemnastego miesiąca – uczucia i myśli
362. Od osiemnastego do dwudziestego czwartego miesiąca – praca mięśni dużych i mniejszych
363. Od osiemnastego do dwudziestego czwartego miesiąca – uczucia i myśli
364. Dwa latka – praca mięśni dużych i mniejszych
365. Dwa latka – uczucia i myśli

Opieka

Budowanie więzi

Więź pomiędzy tobą a dzieckiem rodzi się (przynajmniej powinna), kiedy razem z nim oglądasz świat, słuchasz go, dotykasz, pieścisz, bawisz się z nim, śpiewasz. Twoje zachowanie mówi dziecku, że bardzo ci na nim zależy i że zawsze mu pomożesz. Najprostsze więzi zacieśniają się podczas codziennych zabiegów pielęgnacyjnych. Karmienie, przewijanie, usypianie, kąpiel, ubieranie zabierają wiele czasu, ale zapewniają regularny bliski kontakt z dzieckiem i pozwalają wam uczyć się siebie nawzajem. Poświęć dziesięć minut i spróbuj wyobrazić sobie porozumienie, które będzie w przyszłości łączyć cię z dorosłym już dzieckiem.

1

Dobre rady:

Kiedy moja córeczka była malutka, nie mogłam znaleźć chwili czasu na prysznic – obawiałam się choć na moment spuścić ją z oka. Pomogła mi sąsiadka, która poradziła, żebym kupiła przezroczystą zasłonę prysznicową.

Eva T., Chicago

Ojej, znów mokro?!

Niech dziecko uczestniczy w przewijaniu – opowiadaj mu, co robisz, pokazuj, co zamierzasz. Dziecko zaciekawi się i nabierze ochoty do nawiązania kontaktu. Najlepiej mów czule: „Zaraz zmienię ci pieluszkę", „Zobacz, jaka mokra pielucha", „Pomóż mi, leż spokojnie". Zwracaj uwagę na najsłabsze nawet reakcje dziecka. Dzięki twojemu spokojnemu głosowi, delikatnemu dotykowi nabiera ono zaufania do świata, na którym pojawiło się tak niedawno.
Zmiana pieluszki to świetna okazja, żeby ostrożnie pomasować stopy dziecka, brzuszek, plecy, buzię, rączki. Możesz podczas przewijania i masażu recytować dziecku wierszyki, śpiewać.

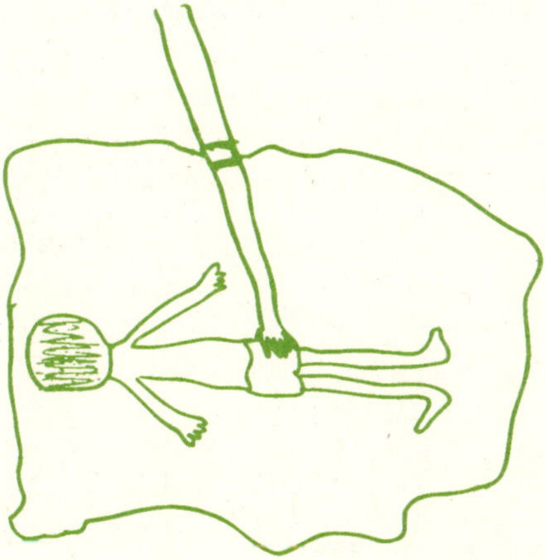

Dobre rady:

Ostatnio wiele młodych mam znów używa pieluszek z tetry i gumowych majteczek. Żeby majteczki nie twardniały, trzeba je prać w wodzie z olejem roślinnym.

Glenda A., Newton

Słodkie chwile

W czasie karmienia piersią czy butelką, najcenniejsze jest to, że razem z dzieckiem jesteście tak blisko, czujecie nawzajem swoje ciepło. Dziecko uważnie obserwuje twoją twarz, stara się nawiązać kontakt wzrokowy. Naprawdę lepiej, żebyś w takich momentach odprężyła się i rozkoszowała widokiem rozpromienionej buzi, zamiast zastanawiać się, ile gramów dziecko już zjadło. Jeśli maluch chwyci cię za palec, delikatnie nim poruszaj i powiedz: „Czuję twoją rączkę", „Trzymasz mnie za palec". Czy uścisk dziecka wzmacnia się albo słabnie, kiedy się odzywasz? Podczas karmienia wykonaj ćwiczenie relaksacyjne: napręż mięśnie, zaczynając od dużych palców u nóg, a potem rozluźnij je; podnieś się i napręż na kilka chwil mięśnie całego ciała, następnie świadomie je odpręż. Ćwiczenie to pomoże ci także, jeśli masz kłopoty z zasypianiem.

3

Dobre rady:

Jeżeli zdarza ci się zapomnieć, którą piersią ostatnio karmiłaś dziecko, podczas następnego karmienia, na przykład lewą piersią, załóż na lewą rękę pierścionek albo bransoletkę. Kiedy dziecko się naje, przełóż biżuterię na prawą rękę.

Elizabeth P., Jacksonville

Bezpieczne poznawanie świata

W pierwszych miesiącach życia dziecko nie wyrusza na dalekie wędrówki, ale mimo to może mu grozić niebezpieczeństwo. Obejrzyj dokładnie każde miejsce, do którego dziecko mogłoby dotrzeć.
Jeśli położyłaś malucha na jakimś wysokim meblu, nie odchodź od niego. Podłoga powinna być pusta, usuń wszystko, pod co dziecko mogłoby wpełznąć, co mogłoby pogryźć, połknąć, przewrócić.

- Zabezpiecz wszystkie gniazdka elektryczne.
- Zabezpiecz grzejniki.
- Nie pozwól dziecku zbliżać się do okien i luster zrobionych ze zwykłego, tłukącego się szkła.
- Podwiąż wysoko sznurki od zasłon i firanek.
- Pochowaj małe dywaniki.
- Pozbądź się trujących roślin albo postaw je z dala od dziecka (większość popularnych roślin doniczkowych jest trująca).
- Łóżeczko i inne meble dla dziecka muszą spełniać ściśle określone normy bezpieczeństwa. Materacyk w łóżku musi być dokładnie dopasowany – gdyby był za mały, dziecko mogłoby sturlać się pomiędzy materac a boczną ścianę łóżeczka i się udusić.
- Nie zostawiaj w zasięgu dziecka żadnych leków ani preparatów chemicznych.
- Nie kupuj zabawek z małymi, ruchomymi elementami, które dziecko mogłoby połknąć.
- Upewnij się, że zabawki i tkaniny nie są toksyczne.
- Skompletuj apteczkę i naucz się reguł udzielania niemowlęciu pierwszej pomocy.
- Numery lekarzy i pogotowia trzymaj obok telefonu.

Kiedy dziecko chwyta łyżkę

Taki gest to znak, że dziecko chce jeść samo albo przynajmniej pragnie tego spróbować! Oto kilka pomysłów, jak bezboleśnie przejść ten etap:

- Niech dziecko jada z małych, nietłukących się naczyń.
- Podsuwaj dziecku niewielkie porcje jedzenia, które da się wziąć w rękę – na przykład kawałki bananów.
- Lepiej nie dawać dziecku obfitych, kilkudaniowych obiadów, przygotowuj dla niego małe porcje. Jeśli znów zgłodnieje, zawsze może jeszcze coś dostać.
- Dziecko łatwiej uczy się jeść samodzielnie, gdy jest odprężone i spokojne – złościsz je, gdy pedantycznie ścierasz mu z buzi każde ziarenko kaszy.
- Kiedy dziecko przerwie jedzenie, od razu posprzątaj – chyba że lubisz wnętrza ubrudzone resztkami smakowitych potraw!

5

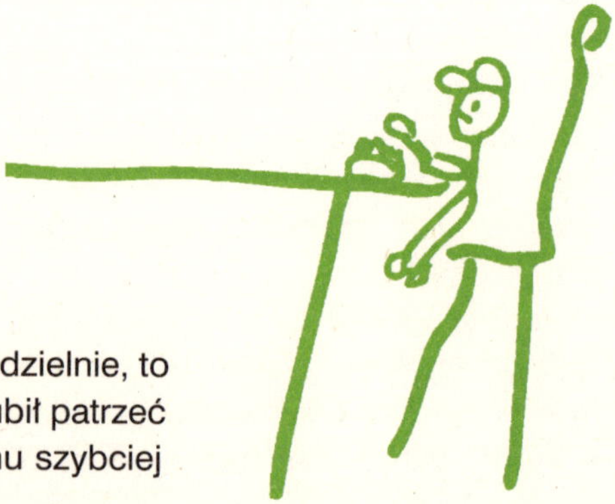

Dobre rady:

Gdy mój synek Julian zaczął jeść samodzielnie, to stawiałam przed nim lusterko. Bardzo lubił patrzeć na swoje odbicie i myślę, że dzięki temu szybciej nauczył się posługiwać łyżką.

Liliana Kochanek, Hendersonville

Prawo dziecka do płaczu

Płacz dziecka wywołuje w nas różne uczucia: zmartwienie, lęk, złość, smutek. Kiedy niemowlę płacze, postaraj się dowiedzieć dlaczego; przysłuchuj się, przypatruj, posłuż się intuicją. Po upewnieniu się, że dziecko ma sucho, nie jest głodne, przegrzane ani zmarznięte, nie płacze z nudów, zmęczenia, poczucia samotności, że nie ma gorączki i nie zdradza innych niepokojących objawów (gdy masz wątpliwości, wezwij lekarza) – możesz uznać, że zrobiłaś wszystko, co można. Nie zawsze domyślisz się, dlaczego twoje dziecko płacze, ale nie przejmuj się przesadnie. Pytaj je, co mu jest, i cierpliwie czekaj na odpowiedź. Nawet jeśli ci jej nie udzieli – bo nie umie jeszcze wyartykułować ani słowa – budujesz w ten sposób podstawę waszych przyszłych kontaktów. Gdy dziecko płacze, a ty nie wiesz dlaczego, to przytul je, połóż do łóżeczka albo na miękkim kocu na podłodze. Zamknij oczy, odetchnij kilka razy głęboko i pamiętaj, że płacz to element ludzkiego życia.

Dobre rady:

Nie dopuść do tego, żeby lekarze odebrali ci wiarę w siebie. Już dawno przekonałam się, że specjaliści nie zawsze mają rację. Cierpliwie szukaj takiego doktora, który będzie słuchał, co do niego mówisz.

Sandy Welsh, Galesburg

Najpierw pomyśl

Porządnie się zastanów, zanim zaczniesz dziecku pomagać w trudnych dla niego chwilach (oczywiście nie wtedy, kiedy grozi mu jakieś niebezpieczeństwo). Wspieraj wysiłki malucha, dodawaj odwagi, jednak nie pozwalaj robić niczego, co przerasta jego obecne możliwości. Gdy wyraźnie nie daje sobie rady, pomagaj, ale rozsądnie. Może się na przykład zdarzyć, że dziecko wpełznie pod niski stolik i zacznie płakać. Nie rzucaj się, żeby błyskawicznie je stamtąd wyciągnąć, lecz połóż się obok na podłodze i omów sytuację: – Widzę, że utknąłeś. – Dopiero potem delikatnie pomóż mu się wydostać z pułapki. Takie wypadki, bardzo częste, uczą dziecko, jak rozwiązuje się problemy.

Wybór należy do ciebie

Dziecko można nauczyć poczucia odpowiedzialności, skłonić do uczestniczenia w życiu rodziny – później: społeczeństwa – wymaga to jednak przemyślanej taktyki. Staraj się jak najczęściej stwarzać mu okazję do dokonywania wyborów. Przy stole pytaj: – Wolisz chleb czy bułkę? Masz ochotę na wodę czy na mleko? – Kiedy ubierasz dziecko, zachęć je, żeby samo zdecydowało, którą koszulkę woli: żółtą czy niebieską.
Powiedz: – Możesz dziś założyć te spodenki albo tamte. – Zawsze gdy do dyspozycji jest kilka koszulek czy spodni, dziecko powinno samo zdecydować, w które chce się ubrać. Oczywiście w sytuacji, kiedy czysta jest tylko jedna bluzeczka, nie ma sensu proponować, żeby wybierało, skoro nie ma wyboru.

Dobre rady:

Moja córeczka nie znosiła zakładać czapeczki, ale było to konieczne, bo ma jasną i wrażliwą cerę. Pewnego dnia schowałam znienawidzoną czapeczkę i kupiłam kilka dziecięcych kapeluszy. Teraz wiszą w pokoju córki, a ona codziennie z ochotą nosi ten, który sama sobie wybrała.

Silvia T., Daytona

Sztuka mówienia

Etap, kiedy dziecko zaczyna mówić, jest dla wszystkich cudownym doświadczeniem. Wypowiada najpierw jedno, dwa słowa, a potem formułuje już całe zdania, zbudowane na przykład z trzech wyrazów! Trzeba w tym czasie wymawiać słowa szczególnie starannie i kierować je wprost do dziecka. Zdania powinny być jak najprostsze; nie mów: – Ponieważ za pięć minut siadamy do obiadu, trzeba iść umyć rączki – tylko: – Umyj rączki, zaraz będzie obiad. – Kiedy dziecko odzywa się do ciebie, odpowiadaj, uzupełniając jego wypowiedź. Jeśli maluch stwierdza: – Tata je – powiedz: – Tak, tata zaraz będzie jadł – albo: – Tata zje z nami obiad.

9

Czy już pora?

Dziecko stosunkowo szybko chce korzystać z toalety, bo widzi, że wszyscy to robią. Chodzi tylko o to, czy rzeczywiście jest już gotowe do takiej zmiany. Żeby móc załatwiać się w łazience, dziecko powinno:

- Być gotowe fizycznie, to znaczy umieć panować nad mięśniami biorącymi udział w wydalaniu; musi umieć powstrzymać się od siusiania i zrobić to w stosownym momencie.
- Być gotowe psychicznie, to znaczy wiedzieć, czego się od niego oczekuje.
- Być gotowe emocjonalnie, to znaczy chcieć korzystać z toalety.

Jak oszczędzić stresu dziecku, które zaczyna samo chodzić do łazienki:

- Powinno móc bez trudu usadowić się na sedesie i bez wysiłku zejść z niego, wtedy nabierze odwagi.
- Ubieraj je tak, żeby mogło samo szybko się rozpiąć.
- Kiedy przydarzy się „mokra wpadka", zareaguj spokojnie i ze zrozumieniem.
- Powstrzymaj zniecierpliwienie i złość. Mogą one poważnie utrudnić dziecku opanowanie nowych umiejętności. Nie dopuść do tego, żeby okres nauki korzystania z toalety zapisał się w rodzinnej pamięci jako przykre doświadczenie.

Dobre rady:

Zanim dziecko usiądzie na sedesie, warto do rezerwuaru dodać trochę barwnika spożywczego, za każdym razem innego, czerwonego, zielonego lub niebieskiego. Dziecko tak zainteresuje się zmieniającą kolor wodą, że niecierpliwie będzie czekać na kolejną wizytę w toalecie.

Dawn P., West Palm Beach

Wyprawy do łazienki

Dziecko powinno dokładnie obejrzeć łazienkę. Pokaż mu przedmioty, które się w niej znajdują, pokaż, do czego służą szczoteczka do zębów i pasta, szczotka do włosów, gąbka i mydło. Umyj dziecku rączki i wytrzyj je ręcznikiem. Nalej wody do wanny i opowiedz o zatyczce, która nie pozwala wodzie uciec, a potem wyciągnij zatyczkę. Kilka razy opróżnij wannę. Pamiętaj, że dziecko jest bardzo ciekawe świata, nawet jeśli nie umie jeszcze zadawać pytań.

Dobre rady:

Dziecko, które dopiero zaczęło korzystać z toalety, powinno używać raczej chusteczek higienicznych niż papieru.

Howard V., Exeter

Ubieranie

Kiedy ubierasz dziecko, wymieniaj nazwy części garderoby: – To są skarpetki, to buciki, a to koszulka, dres, sukienka. – Połóż na podłodze dwie różne sztuki garderoby i zaproponuj: – Podnieś... (skarpetki, spodenki).
Poczekaj, aż dziecko wykona zadanie, i powiedz: – Teraz założymy... (skarpetki, spodenki itp.). – Kładź na ziemi kolejne części ubrania, aż dziecko będzie ubrane. Maluch może w ten sam sposób bawić się twoimi rzeczami, kiedy się ubierasz.

Dobre rady:

Amanda bardzo lubiła bawić się w ubieranie. Ja rozpoczynałam wkładanie każdej rzeczy, a ona sama kończyła. Cieszyła się, że robimy to razem i że radzi sobie ze swoją częścią zadania.

Susan K., Cedarburg

Codzienny harmonogram

13

Dzieci lubią znać rozkład dnia. Powinnaś ułożyć plan zajęć – tobie będzie łatwiej, a dziecko zacznie się orientować, co je czeka. Taki plan powinien uwzględniać przyzwyczajenia malucha. Przez trzy dni notuj sobie, kiedy dziecko sypia i kiedy lubi jadać. Wkrótce odkryjesz powtarzający się schemat czasowy – wykorzystaj go przy układaniu harmonogramu. Pomiędzy porami snu i posiłków zaplanuj inne zajęcia. Przestrzeganie zaplanowanego porządku dnia ułatwi ci opiekę nad dzieckiem.

Język i dźwięki

Przyjazne pomruki

Połóż się z dzieckiem na miękkim dywanie albo na łóżku. Zacznij mruczeć półgłosem: – Ma, ba, da... lub coś w tym rodzaju. Kiedy dziecko powtórzy te dźwięki, odpowiedz mu spojrzeniem prosto w oczy, pogłaszcz po brzuszku i uśmiechnij się szeroko. Znów pomrucz i poczekaj, aż zrobi to samo. Pomasuj mu brzuszek i uśmiechaj się. Gratulacje! Właśnie przeprowadziłaś pierwszą rozmowę ze swoim dzieckiem.

Ta-ba-da-ba

Dziecko dość szybko zaczyna wydawać artykułowane dźwięki – szczególnie wtedy, gdy troskliwa opiekunka mówi do niego, śpiewa mu. Kiedy dziecko gaworzeniem zaprasza cię do rozmowy, odpowiadaj mu prostymi wyrazami, wykorzystującymi wydawane przez nie dźwięki. Jeśli dziecko mówi: – „Ta" – odpowiedz: – Tata; „ba" – babcia, „ma" – mama i tak dalej. Tę zabawę lubi zazwyczaj starsze rodzeństwo dziecka.

Dziecko wciąż poszukuje nowych sposobów nawiązania kontaktu z otoczeniem. Trzeba je pilnie obserwować i zachęcać do ponawiania prób.

Mama i dziecko proszą piekarza

Posadź sobie dziecko na kolanach, buzią zwrócone w twoją stronę. Trzymając je za rączki, „wyrabiaj" z nim ciasto, recytując wierszyk:

Upiecz nam, upiecz ciasto, piekarzu,
Upiecz nam ciasto od razu.
Słodkim lukrem wymaluj „D",
Upiecz je w piecu, daj dziecku i mnie.

16

Połóż dziecko na pleckach i powtórz wierszyk, tym razem poruszając nóżkami. Jeśli mu się to spodoba, to powtarzaj zabawę.

Paluszki-sroczki

Przy tej zabawie masz okazję pomasować stópki twojego dziecka. Chwyć je delikatnie za wielki palec kciukiem i palcem wskazującym. Recytuj wierszyk:

Warzyła sroczka kaszkę, warzyła,
ogonek sobie sparzyła,
podmuchała na wrzątek (podmuchaj).
Miała pięć pisklątek:
temu (ściśnij wielki palec) dała na łyżeczkę,
temu (złap drugi palec) *dała na miseczkę,*
temu (chwyć trzeci palec) dała w kubek,
temu (palec czwarty) *dała w dziubek,*
a temu (piąty palec) nic nie dała
i frrr! (puszczasz stópkę i łapiesz dziecko za nosek) *poleciała!**

* Tradycyjna polska rymowanka

Buzia

Przygotuj:
ulubioną lalkę albo pluszowego zwierzaka.

18

Usiądź z dzieckiem wygodnie albo połóż się. Dotykaj oczu, uszu, noska, policzków dziecka i wymieniaj nazwy tych części głowy, podśpiewując rytmicznie:

Patrz, to moja główka jest,
główka jest, główka jest.
Patrz, to moja główka jest.
Patrz i podziwiaj!

Teraz wiem już, co to jest,
co to jest, co to jest.
Teraz wiem już, co to jest.
Patrz i podziwiaj!

Kiedy dziecko będzie trochę starsze, możesz podczas śpiewania wskazywać odpowiednie „części ciała" misia albo lalki.

Daj

W tę grę możecie się bawić, gdzie chcecie. Dziecko uczy się dzięki niej nie tylko znaczenia słowa „daj", ale i użyczania swojej własności innym. Usiądź naprzeciwko dziecka. Weź do ręki atrakcyjną zabawkę i podając ją maluchowi, powiedz: – Mama daje dziecku (nazwij zabawkę). – Niech twój synek albo córeczka przyjrzy się zabawce, pobawi, a ty opisuj ją dokładnie. Potem powiedz: – Dziecko daje mamie (nazwij zabawkę) – wyciągnij rękę, podziękuj i uśmiechnij się, gdy dziecko wręcza ci przedmiot. Powtarzaj tę grę, używając innych zabawek. Kiedy dziecko będzie nieco starsze, można mu trochę utrudnić zadanie – proś je, aby samo odnalazło jakiś przedmiot: – Daj mi proszę, żółtego misia – albo: – Daj mi proszę, najmniejszą laleczkę.

20

Posłuchajmy tego jeszcze raz

Przygotuj:
dyktafon w telefonie.

Nagrywaj gaworzenie dziecka, wasze rozmowy. Potem odtwórz je i obserwuj, jak dziecko reaguje. Niektóre dzieci ożywiają się i wtórują nagraniu, inne cichną. Starsze mogą chcieć dotykać wyświetlacza.

Opisywanie świata

Przygotuj:

kolorowe czasopisma, książki z obrazkami, katalogi reklamowe.

Posadź sobie dziecko na kolanach i przerzucaj kartki książki lub pisma. Wskazuj i nazywaj to, co dziecko może zapamiętać. Mów na przykład: – Widzisz kochanie? – To jest pies. – Ten rowerek jest czerwony. – Zapamiętaj, które ilustracje spodobały się dziecku najbardziej. Jak najczęściej wymieniaj nazwy przedmiotów codziennego użytku: stół, krzesło, lampa, łóżko, kaloryfer, okno, dywanik. Dziecko uczy się szybko, kiedy słucha – najmilszego dla siebie – twojego głosu.

Rymowanki na szczęśliwe chwile

Jest wiele rymowanek przekazywanych z pokolenia na pokolenie. Na pewno sama pamiętasz z dzieciństwa kilka z nich. Jeżeli ich nie pamiętasz, to spytaj o nie rodziców, rodzeństwo albo przyjaciół. Zaśpiewaj je lub wyrecytuj swojemu dziecku. Gdyby w starych rymowankach coś cię raziło, możesz przerobić je na „politycznie poprawne" – nikomu o tym nie powiemy.

Pucu-pucu, chlastu-chlastu,
nie mam rączek jedenastu (udawaj, że dziecko ma kilkanaście rąk, i policz je),
ale mam dwie rączki małe (chwyć dziecko za obie rączki)
do zabawy doskonałe! (wymachuj energicznie rączkami dziecka).

Kochana mamo, jak będę duży (pokaż, jakie duże będzie dziecko),
przywiozę tobie małpę z podróży (pokiwaj się z dzieckiem po małpiemu).
Miła ta małpka, przemądre zwierzę,
będzie za ciebie zmywać talerze (poruszaj rączkami dziecka tak, jakby zmywało naczynia).

Pieje kogut, pieje,
bo na dworze dnieje (zawołaj: Kukuryku!).
Dziecku zatkam uszka (zatkaj uszka dziecka).
Nie budzić maluszka! (przytul i pokołysz dziecko).

* Maria Konopnicka, „Pranie".

Nosek, oczy, rączki

Codziennie pomóż dziecku poznać jakąś część jego ciała. Jeśli chcesz, żeby dowiedziało się czegoś o rękach, to śpiewaj o nich piosenki (możesz improwizować), pokazuj je na obrazkach, zwracaj uwagę dziecka na ręce innych ludzi, na zwierzęce łapki. Gestykuluj, klaszcz, ściskaj rączkę synka czy córeczki. Podobnie oswajaj je z funkcjami nosa, oczu, uszu i tak dalej.

Nasze propozycje:

Zaczerpnij powietrza i wydychaj je nosem tak, aby dziecko poczuło powiew na buzi; zmarszcz nos i pozwól dziecku go dotykać, aby czuło ruch mięśni; posłuchaj bicia serca dziecka i przytul je tak, żeby słyszało bicie twojego; pokaż mu, jak stopy umieją tańczyć, albo połóż się na plecach i machaj nimi w powietrzu; gwiżdż przez zęby, cmokaj, kląskaj językiem, otwieraj i zamykaj usta. Takich możliwości są tysiące. Bawcie się dobrze!

Fi, fo, fuk

Tę zabawę zaproponuj dziecku, kiedy już gaworzy, wymawia zbitki sylab, takie jak „tatata", „bibibi", „dada" czy inne. Poniższa rymowanka jest krótka, łatwa do powtórzenia i zawiera wiele dźwięków, które już są albo wkrótce znajdą się w dziecięcym repertuarze.

Fi, fo, fuk – to moje palce, a to mój kciuk (poruszaj palcami i kciukiem),
Fi, fo, fuk – znikły paluszki, znika mój kciuk (zwiń palce w pięść, na końcu dołącz do nich kciuk).

Powtarzaj wierszyk, zastępując literę „f" w „Fi, fo, fuk" kolejno literami „b", „t", „d" i „m".

Na paluszkach

Tup, tup, tup na paluszkach.
Tup, tup, tup na małych nóżkach.
Przemykamy się po domu,
nie powiemy nic nikomu.

Dwoma palcami przebiegnij wzdłuż jednego ramienia dziecka przez głowę aż do dłoni drugiej rączki. Z maluchem w objęciach spaceruj po domu na palcach i szepcz mu do ucha tę rymowankę. Kiedy dziecko zacznie już chodzić, może ono z kolei będzie chciało oprowadzać cię po domu i razem z tobą recytować ten wierszyk.

Wierszyk dziecka

Kiedy dziecko zaczyna już rozpoznawać słowa określające elementy świata otaczającego je na co dzień – takie, jak kubek, sok, mama, tata, butelka – i potrafi nawet niektóre z tych wyrazów wymówić, nadchodzi pora, by skomponować wierszyk. Niech cała rodzina wspólnie wymyśli rymowankę złożoną ze słów znanych dziecku – rymowankę zwariowaną i wesołą.

Tata piłką rzucił,
żebym się nie smucił.
Tata to jest piękny miś –
Tak go nazwę dziś.

Kto robi „muuu"?

Zbieraj zdjęcia i rysunki przedstawiające zwierzęta (pod koniec roku można kupić przecenione kalendarze z wielkimi kolorowymi podobiznami rozmaitych zwierzaków). Dziecko niektóre z nich pewnie już rozpoznaje. Przejrzyjcie razem te obrazki. Rozłóż je na podłodze i rozpocznij zabawę w „Kto robi...?" – naśladuj odgłosy wydawane przez różne zwierzęta. To prawda, że niektóre z Boskich stworzeń są nieprzyzwoicie milczące albo wydają dźwięki, których człowiek nie jest w stanie naśladować – mimo to próbuj! Poproś dziecko, żeby podało ci ilustrację przedstawiającą jakieś konkretne zwierzę. Opisz je – jego kolor, wielkość, kształt.

Słowa i ruch

Dzieci szybko orientują się, że słowa to nie są puste dźwięki i że wiele z nich określa rozmaite czynności. Te dwa wierszyki pomogą dziecku powiązać słowa z ruchem.

Dwie jaskółeczki (ty i dziecko jesteście jaskółeczkami)
na wzgórzu siedziały (przysiądźcie na kanapie, krześle, taborecie).
Jedna to Kasia (wskaż dziecko),
druga to Basia (wskaż siebie).
Odfruń, odfruń, Kasiu (dziecko „odlatuje" za kanapę czy krzesło).
Odfruń, odfruń, Basiu (dołączasz do dziecka).
Wracaj, wracaj, Kasiu!
Wracaj, wracaj, Basiu! (oboje znów siadacie tam, gdzie siedzieliście na początku).

Harry Potter wlazł na słup,
zleciał stamtąd: SIUP!
Lecz pomogła dobra wróżka –
Harry sfruwał w dół jak muszka.

Gdzie, gdzie, gdzie?

Weź dziecko na ręce i pytaj: – Gdzie jest twoje łóżeczko? – Gdzie masz nosek? – Gdzie jest pokój mamy? Kiedy dziecko jest jeszcze bardzo małe i nie umie wskazywać paluszkiem, zwykle spogląda w stronę, gdzie znajduje się przedmiot, o który ci chodzi. Podejdź do miejsca, do którego podążył wzrok dziecka, i potwierdź z entuzjazmem: – Tak, tu jest twoje łóżeczko! – Jeśli dziecko jeszcze niczego nie rozumie, sama odpowiadaj sobie na pytania i nieś dziecko tam, gdzie jest właściwy obiekt. Gdy trochę podrośnie, nauczy się wskazywać, co gdzie się znajduje, gdy będzie jeszcze starsze – pobiegnie, żeby dotknąć tego, o co pytasz.

Duże czy małe?

Zgromadź po kilka przedmiotów tej samej kategorii, ale różnej wielkości; dziecko będzie mogło ustawić je „według wzrostu". Do tej zabawy nadają się buty, pudełka, muszle, kamyki, książki, sztućce, zabawki, klocki, piłki. Poproś dziecko, żeby z każdej grupy wybrało najpierw przedmiot duży, a potem mały. Jeśli przedmiotów tej samej kategorii jest więcej niż dwa, zachęć dziecko, żeby ułożyło je, od największego do najmniejszego. Dziecko może wpaść na pomysł, aby uszeregować je według sobie tylko znanego porządku, nie mającego nic wspólnego z wielkością. Doceń wówczas jego inwencję i wysiłek.

Rozmowa przez telefon

Przygotuj:
dwa telefony-zabawki.

Aby dziecko miało wrażenie, że naprawdę rozmawiacie przez telefon, potrzebne są dwa telefony. Na początku będziecie oboje tylko gaworzyć – oczywiście nie razem, lecz po kolei – ale wkrótce dziecko zacznie w tej zabawie naśladować sposób, w jaki naprawdę rozmawiasz przez telefon. To najlepsza droga, żeby nauczyć je zasad telefonicznego savoir-vivre'u.

Pora spać

Tylko my

Wieczorem, kiedy dziecko idzie spać, zarezerwuj sobie godzinę tylko dla rodziny: żadnych telefonów, żadnych gości. Dzięki temu będziesz mogła spokojnie i bez pośpiechu zająć się synkiem albo córeczką. Kiedy zaśnie, na pewno zostanie ci jeszcze co najmniej kwadrans na rozmowę z mężem – w tym czasie zajmujcie się wyłącznie sobą. Po upływie zastrzeżonej godziny umacniającej rodzinne więzi, możesz zająć się innymi sprawami.

Dobre rady:

Wieczorem, kiedy dzieci powinny iść już spać, zaczynam mówić szeptem. Wydaje się wtedy, że cały dom uspokaja się i szykuje do snu.

Ashley T., La Honda

33

Ukołysz dziecko

Dziecko bezkrytycznie kocha twój głos, więc nawet jeśli uważasz, że jest brzydki i że nie masz słuchu, nie wymiguj się od śpiewania. Nuć dziecku kołysanki, które i ciebie wyciszą wewnętrznie. Jeśli nie znasz żadnej stosownej piosenki, to kup płytę z odpowiednimi piosenkami i naucz się ich na pamięć. Śpiewaj cicho i delikatnie kołysz dziecko w ramionach.
Możecie nauczyć się pięknej kołysanki z przedwojennego (1938 rok) filmu „Paweł i Gaweł", w którym śpiewali ją Eugeniusz Bodo i Adolf Dymsza:

W górze tyle gwiazd,
w dole tyle miast.
Gwiazdy miastom dają znać,
że dzieci chcą już spać.
Więc śpij, kochanie,
jeśli gwiazdkę z nieba chcesz,
dostaniesz.

Więc śpij, bo nocą,
kiedy gwiazdy się na niebie złocą,
wszystkie dzieci, nawet złe,
pogrążone są we śnie,
a ty jedna tylko nie.

Więc śpij, bo właśnie
księżyc ziewnął i za chwilę zaśnie.
A gdy rano wstanie świt,
księżycowi będzie wstyd,
że on zasnął, a nie ty.

Aaa, kotki dwa,
Szarobure,
szarobure obydwa...

Wieczorny ceremoniał

Ceremoniał wieczorny to czynności, które powtarzacie codziennie przed położeniem dziecka spać. Przestrzeganie ustalonego planu zapewnia maluchowi poczucie bezpieczeństwa. Pomaga mu także przygotować się psychicznie do pory spoczynku, bo dzięki stale powtarzanym czynnościom dziecko już wie, że zbliża się czas na sen. Propozycja wieczornego harmonogramu: piętnastominutowa kąpiel; przekąska; opowiadanie bajki albo czytanie książki; rozmowa o mijającym dniu i planach na dzień następny; pacierz albo kołysanka. Nawet jeśli sytuacja zmusza cię do pośpiechu, staraj się zrealizować, choć w krótszym czasie, wszystkie punkty harmonogramu – zobaczysz, dziecko zaśnie jak aniołek.

Dobre rady:

Kiedy wyjmujesz dziecko w nocy z kołyski albo łóżeczka, włóż tam poduszkę elektryczną. Dzięki niej po karmieniu maluch wróci na ciepłe i przytulne posłanie.

Elaine W., Boston

Całowanki

Podczas tej zabawy poprzez czuły dotyk dziecko poznaje części ciała. Najpierw potrzyj nosem jego nosek, pocałuj. Potem przytul policzek do policzka, czoło do jego czółka, uszy do uszek, pocałuj oczka i rzęsy. Nie pomijaj w pieszczotach stópek, kolan, łokci i brzuszka. Dziecko rozchichocze się i co wieczór będzie chciało powtarzać zabawę. Nawet jako dojrzała, bo już kilkuletnia, osoba ciągle będzie domagało się zabawy w całowanki!

Koncert życzeń

Przygotuj:
dyktafon w telefonie, ulubione książeczki dziecka.

Nagraj piosenki, wierszyki, bajki, które dziecko lubi najbardziej. Odtwarzaj ją codziennie, kiedy maluch idzie spać – twój tak mu bliski głos ułatwia zaśnięcie. Nagranie przydaje się też bardzo, jeśli dziecko mieszka jakiś czas u dziadków albo zostaje wieczorem samo z opiekunką.

37

Opowiastki o przyjacielu z wyobraźni

Kiedy dziecko leży już w łóżku, opowiadaj mu historyjki, które sama wymyśliłaś. Dziecko chętniej zamyka oczy i odpręża się, gdy nie trzymasz w ręku książki z zawsze interesującymi je obrazkami. Najpierw wymyśl jakiegoś chłopca (dla synka) albo dziewczynkę (dla córeczki) w wieku twojego dziecka. Przyjaciel z wyobraźni powinien przeżywać rozmaite przygody w miejscach i sytuacjach, które dziecko już zna i lubi: podczas przyjęć imieninowych, w szkole, na kempingu, w teatrze dla dzieci, w zoo. Codziennie wymyśl nową opowiastkę; dziecko będzie czekało na nią niecierpliwie. Historyjki mamy to dopiero coś wspaniałego!

Uścisk miłości

Przytul dziecko i trzymaj je tak, głęboko oddychając, póki zupełnie się nie odprężysz. Jeśli jesteś zdenerwowana, możesz dochodzić do tego stanu dość długo, ale nie wypuszczaj dziecka z ramion do chwili, kiedy ogarnie cię błogi spokój. Poczuj oddech malucha i oddychaj wraz z nim. Gdy dziecko wyprowadzi cię z równowagi, taki uścisk czyni cuda. Najlepiej byłoby, gdybyś, czując, że za moment może ogarnąć cię złość, przytuliła je od razu.

Dobre rady:

„Nigdy nie jest za wcześnie, by okazać dziecku, jak głębokim, niezmiennym i gorącym uczuciem je darzymy. To przede wszystkim świadomość, że ktoś kocha nas bezwarunkowo, pozwala nam radzić sobie w dzisiejszych czasach".

dr Ross Campbell

39

Rozwijanie wyobraźni

Kiedy dziecko jest senne, to ogarnia je spokój. To znakomita pora, żeby zabawić się w grę „Wyobraź sobie". Wskaż myślom dziecka kierunek, w którym powinny podążyć, a potem daj mu czas na wędrówkę po świecie wyobraźni. Tę grę można by określić jako „medytację wspomaganą". Kiedy dziecko jest jeszcze bardzo małe, opowiadaj mu co wieczór o jakimś miejscu, które zna – o ogrodzie, łące, alei parkowej. Opisuj je cicho, niespiesznie, wdając się w najdrobniejsze szczegóły. Zaproponuj dziecku, żeby przywołało w myślach obraz tego miejsca. Opowiedz o mieszkających tam sympatycznych zwierzakach, albo o mądrym przyjacielu dzieci których można tam spotkać, o czarodziejskiej skale, pod którą można zakopać wszystkie kłopoty. Niech akcja wszystkich wymyślanych przez ciebie bajek dzieje się w tym właśnie miejscu. Kiedy dziecko podrośnie i będzie już rozumieć to, co mu opowiadasz, zacznij wieczorami mówić o tym szczęśliwym ogrodzie albo parku, a potem zamilknij i pozwól, żeby dziecko samo uruchamiało wyobraźnię. Po paru minutach uświadom mu, jak przyjemnie jest błądzić po własnym, wymyślonym świecie; powiedz też, że może do tego świata wrócić, kiedy tylko zechce.

Przy komponowaniu swoich historyjek pamiętaj o problemach, jakie dręczą malucha. Jeśli na przykład dziecko odczuwa lęk przed ludźmi, wprowadź na scenę kilka osób, które świetnie bawią się w swoim towarzystwie.

Dziecko nie chce spać

Co robić, kiedy dziecko nie śpi przez całą noc? Napisano na ten temat wiele książek, obmyślono wiele różnych metod. Przede wszystkim warto jednak:

- Pamiętać, że niemowlęta poniżej trzeciego miesiąca życia rzadko bez przerw przesypiają całą noc, czteromiesięczne zaś i nieco starsze śpią zazwyczaj od północy do szóstej rano.
- Poobserwować obudzone dziecko. Może jest głodne, a może po prostu chce się do ciebie przytulić?
- Nie zrywać się z łóżka od razu, kiedy dziecko zacznie płakać. Poczekaj pięć minut; może po chwili samo zaśnie. Gdybyś reagowała na każdy krzyk, przyzwyczaiłoby się do tego i zaczęłoby domagać się twojej stałej obecności.
- Pozwolić popłakać przez parę chwil dziecku pomiędzy szóstym a dwunastym miesiącem życia, które nadal budzi się po nocach. Później pójdź i poklep je po pleckach. Upewnij się, czy nie jest chore, ale nie wyjmuj go z łóżeczka i nie karm. Bywa, że lepiej działa na nie, jeżeli to tata, a nie mama, do niego zajrzy. Postępuj tak przez kilka kolejnych nocy. Potem nie idź za każdym razem, kiedy się obudzi, czekaj cierpliwie, aż samo zaśnie.
- Skontaktować się z pediatrą, jeśli bardzo się denerwujesz, że dziecko źle sypia.

40

Poduszka-zasypianka

Przygotuj:

białą poszewkę na poduszkę, farby do tkanin (nietoksyczne), kawałek tektury.

Zrób dziecku „zasypiankę". Włóż do poszewki tekturę, aby uzyskać twardą, stabilną powierzchnię. Namaluj na materiale aniołka, misia, mamę, tatę, rodzeństwo – cokolwiek, co dziecko rozpozna i co budzi w nim przyjemne uczucia. Poduszka-zasypianka może towarzyszyć maluchowi w podróżach. W ten prosty sposób zapewniamy mu poczucie bezpieczeństwa, nawet jeśli śpi poza domem.

Dobre rady:

Moja córeczka bardzo lubiła zdejmować z siebie śpioszki, więc obcięłam w nich stópki i teraz zakładam je małej tyłem do przodu – dzięki temu nie może sięgnąć do suwaka.

Clara W., San José

Mycie zębów

Kiedy dziecko zacznie ząbkować, daj mu szczoteczkę do zębów, niech ją sobie gryzie. Gdy nadejdzie pora, żeby nauczyło się myć zęby, możesz sprawić, że polubi tę czynność. Kilka propozycji:

- Podczas szczotkowania zębów dziecka rozmawiaj z nimi, opowiadaj o nich historyjki. Poproś dziecko, żeby otworzyło buzię szeroko, bo chcesz przyjrzeć się bohaterom tych bajek.
- Kiedy skończysz, pozwól, aby dziecko tobie wyczyściło zęby.
- Daj dziecku małą latarkę, niech uważnie obejrzy twoją jamę ustną. Pomoże mu to zrozumieć, jak ważne jest dbanie o zęby.

Dobre rady:

Jeśli chcesz uchronić dziecko przed przeziębieniem, bierz prysznic pierwsza, a dopiero potem, kiedy łazienka będzie ciepła od pary, wykąp dziecko.

Nicole T., Portland

43

Plan zajęć na wieczór

Na dużej kartce spisz i narysuj to, co dziecko powinno codziennie zrobić przed pójściem spać; możesz także ozdobić grafik zdjęciami. Maluch jest zadowolony, kiedy sam, bez poleceń, wie, czego się od niego wymaga. Taka plansza cieszy szczególnie dzieci w wieku około dwóch lat, które pragną większej samodzielności. Pamiętaj o uśmiechach i pocałunkach, nagradzaj nimi każdą pracę dziecka.

Pokój dziecka

Przyjazny dla alergików

Jeśli twoja rodzina jest podatna na alergie, to pokój dziecinny powinnaś urządzić następująco:

- Materac umieść w zamykanym na suwak, szczelnym, nieprzepuszczającym kurzu pokrowcu. Spytaj w poradni alergologicznej o firmę produkującą najlepsze pokrowce.
- Nie stawiaj w pokoju dziecinnym tapicerowanych mebli.
- Wybieraj tkaniny syntetyczne zamiast naturalnych. Nie kupuj dziecku poduszek wypchanych pierzem, tylko z poliestru, dywan powinien być ze sztucznej tkaniny. Bielizna pościelowa, kocyki mogą być bawełniane, pod warunkiem że będziesz je bardzo często prać (jedne z najbardziej rozpowszechnionych alergenów, roztocza, żywią się naturalnymi włóknami).
- Pluszowe zabawki muszą nadawać się do prania; trzeba je prać co miesiąc.
- Podłoga, jeśli to możliwe, powinna być drewniana, przykrywana dywanikami, które można prać.
- Nie zastawiaj podłogi sprzętami, łatwiej ci będzie ją odkurzać, a powinnaś to robić dwa, trzy razy w tygodniu.
- Nie wpuszczaj do dziecinnego pokoju żadnych domowych zwierzaków porośniętych sierścią, futrem, piórami.

44

Dbaj o bezpieczeństwo

- Nie wieszaj przy łóżeczku długich wstążek, sznurków ani zabawek, do których dziecko zdołałoby sięgnąć.
- Dziecko nie powinno mieć dostępu do przewodów od lamp i innych urządzeń elektrycznych.
- Kiedy dziecko zaczyna raczkować, zabezpiecz wszystkie gniazdka.
- Zasłoń kaloryfery.
- Łóżeczko postaw z dala od okien – dziecko mogłoby zerwać zasłony albo dostać się na parapet.
- Koło okna nie umieszczaj żadnych mebli ani innych przedmiotów, po których dziecko mogłoby się wspinać.
- Zabawki i gry dziecięce przechowuj na dolnych półkach, przedmioty niebezpieczne zaś na górnych albo w zamkniętych szafkach.
- Haki i haczyki powinny być wbite wysoko, ponad poziomem, do którego sięga wzrok leżącego dziecka.
- Pochowaj albo usuń wszystkie przedmioty, które dziecko mogłoby połknąć.
- Sprawdź, czy farby, których użyto w dziecinnym pokoju, nie są toksyczne.
- Zainstaluj wykrywacz dymu.

Fresk

Przygotuj:
rzutnik, arkusz przezroczystej folii, czarny flamaster, ilustrację, którą chcesz skopiować, farby akrylowe, pędzle.

Przejrzyj książki z obrazkami, widokówki albo pocztówki z reprodukcjami obrazów i wybierz to, co chciałabyś namalować na ścianie w pokoju dziecka. Wybrany obrazek przykryj folią i przerysuj na nią kontury czarnym flamastrem. Włącz rzutnik i umieść na nim folię. Ustaw rzutnik tak, by obrazek znalazł się w tym miejscu, które chcesz ozdobić. Pożądaną wielkość obrazka osiągniesz, przysuwając rzutnik do ściany lub odsuwając go od niej. Ołówkiem obrysuj na murze kontury obrazka i wyłącz rzutnik. Pomaluj rysunek kolorowymi farbami. Kiedy twoje dzieło wyschnie, możesz czarnym tuszem zaznaczyć kontury.

Tablica

Przygotuj:
farbę tablicową, pędzel, papier ścierny, rozpuszczalnik (do umycia pędzla).

Wybierz twardą i gładką powierzchnię, na przykład drzwi szafki, wezgłowie łóżka, ścianę, ściankę działową. Jeśli jest pomalowana, trzeba przetrzeć ją papierem ściernym – w chropawą powierzchnię farba lepiej wnika. Połóż dwie albo trzy warstwy tej farby, starannie przestrzegaj dołączonej instrukcji. Kiedy tablica wyschnie, twój mały artysta może zabrać się do dzieła. Przygotuj mu pojemnik z kolorowymi kredami. Najlepsza do zmywania kredy jest stara, miękka szmatka.

Fototapeta

Przygotuj:
fotografie dziecka i rodziny, klej do tapet, pędzel, kawałek wełnianego sznurka, gwóźdź, przezroczysty żel akrylowy, czystą szmatkę.

Tapetę tworzą fotokopie zdjęć naklejone na ścianie. Świetnie to wygląda! Wybierz dziesięć czarno-białych fotografii, z ich negatywów zrób odbitki o wymiarach 12,5 na 17,5 albo 20 na 25 cm. Zanieś odbitki do punktu ksero i poproś o skopiowanie ich na papierze. Przedtem zmierz ścianę, którą chcesz ozdobić, żeby zorientować się, ilu kopii każdej fotografii potrzebujesz. Zaprojektuj ich rozmieszczenie. Przywiąż gwóźdź do sznurka, przyklej go do górnej krawędzi ściany. Sznurek, obciążony gwoździem, opadnie prosto w dół. Naciągnij go nieco i przyklej u dołu – pomoże ci to równo nakleić pionowy rząd zdjęć. Rozsmaruj na ścianie klej do tapet i po kolei przyklejaj fotografie. Przecieraj każdą szmatką, żeby pod spodem nie utrwaliły się pęcherzyki powietrza. Kiedy klej wyschnie, powlecz zdjęcia dwiema warstwami żelu akrylowego.

Szkatułka dobrych życzeń

Przygotuj:
ładny szklany pojemnik i dużo drobnych.

Proś wszystkich gości, członków rodziny, przyjaciół, żeby podarowali dziecku grosik na szczęście. Wrzucaj monety do szklanego pojemnika stojącego w pokoju dziecinnym. Kiedy maluch nieco podrośnie, opowiesz mu o tych ludziach, którzy kochają go i dobrze mu życzą. Zwyczaj ten można kultywować i wtedy, gdy dziecko dorośnie; obdarowuj je groszem na szczęście choćby z okazji urodzin. To nieważne, gdzie będzie mieszkać twoja latorośl i ile będzie mieć lat – zawsze posyłaj tę szczęśliwą monetę!

Kolorowe światła

Przygotuj:
szklane słoiki różnej wielkości z zakrętkami, barwniki spożywcze.

Przy tej zabawie dziecko pozna świat kolorów. Napełnij słoiki wodą i do każdego wlej trochę barwnika – po paru próbach nauczysz się osiągać właściwą intensywność kolorów. Potem wymieszaj barwy tak, żeby w rzędzie słoików znalazły się wszystkie kolory tęczy. Zamknij słoiki i ustaw je na parapecie w pokoju dziecinnym. Kiedy do pokoju wpadnie słońce i przeniknie przez kolorową wodę, pojemniki będą rzucać piękne, barwne światła.

50

Kolor czerwony + żółty = pomarańczowy
czerwony + niebieski = purpurowy
niebieski + żółty = zielony

Co tam wisi?

Przygotuj:

hak, na jakim wiesza się doniczki z roślinami, sznurek albo szpagat, przedmioty do powieszenia: szarfy, dekoracje urodzinowe, serpentyny, lalki, pluszowe zwierzaki, baloniki.

W dziecinnym pokoju przymocuj hak na suficie nad łóżeczkiem. Solidnie obwiąż szpagatem wybrany przedmiot. Zawieś go około dwudziestu centymetrów nad główką dziecka. Szarfy, serpentyny, wstążki będą się kołysać przy każdym podmuchu powietrza i przyciągną uwagę dziecka na dłużej niż przedmioty cięższe, wiszące nieruchomo. Szpagat niech będzie przywiązany do haka na stałe, wiszące na nim ozdoby zmieniaj codziennie. Te, które zdejmiesz, składaj w pudełku – po kilku dniach znów się przydadzą. Dziecko mające poniżej sześciu tygodni będzie się tylko przyglądać wiszącym przedmiotom. Kiedy zacznie już wyciągać do nich rączki, upewnij się, czy są mocno przywiązane. Nie wieszaj niczego, co spadając, mogłoby wyrządzić dziecku krzywdę.

Kuferek z pamiątkami

Przygotuj:

skrzynkę, w której będziesz chować wszystkie skarby twojego dziecka od narodzin do czasu, kiedy dorośnie i wyprowadzi się z rodzinnego domu. Może to być drewniane albo nawet zwykłe, tekturowe pudło – i tak stanie się przedmiotem wyjątkowym. Włóż do tego kuferka pierwsze buciki dziecka, ubranko, w którym przyjechało ze szpitala do domu, kosmyk włosków, nagranie z głosem dziecka wymawiającego pierwsze słowa, odciski dłoni i stóp, kartki pisane specjalnie do dziecka, zdjęcia, pierwsze rysunki itp. Ponieważ w tej skrzynce przez kilkanaście lat będziesz składać wszystkie dziecięce skarby, pamiętaj, musi być naprawdę spora!

Dobre rady:

Najważniejszym sprzętem w pokoju mojego synka okazał się leżący na podłodze zapasowy podwójny materac. Najpierw leżeliśmy na nim, kiedy czytałem małemu bajki, a gdy podrósł – fikał na obszernym miękkim podłożu koziołki, skakał po nim, budował twierdze z klocków.

Brian T., St. Cloud

Wielobarwne schowki

Przygotuj:
jak najwięcej słoików po żywności dla dzieci, farby, klej do drewna.

Pomaluj na kolorowo (barwy powinny pasować do wystroju dziecinnego pokoju) wewnętrzne strony pokrywek od słoików. Przyklej zakrętki do spodniej strony wybranej półki i zostaw na noc do wyschnięcia. Następnego dnia przykręć słoiki do pokrywek. Trzymaj w nich rozmaite małe przedmioty, do niektórych powkładaj intrygujące kolorowe drobiazgi, które przyciągną uwagę dziecka. Co jakiś czas wymieniaj te drobiazgi.

Nieustający wernisaż

Przygotuj:
plastikowe ramy, dużo rysunków i obrazów twoich małych malarzy.

Ramy powieś na ścianie w dziecinnym pokoju. Najpierw niech wiszą w nich prace twoich starszych dzieci. Gdy tylko najmłodsze stworzy pierwsze dzieło, natychmiast zastąp nim poprzednie obrazki. Co tydzień zmieniaj rysunki – każda kolejna praca powinna mieć swoje pięć minut. Utrzymaj ten zwyczaj aż do czasu, kiedy najmłodsze dziecko dorośnie. Bywają takie ramy, w których nowy rysunek da się wsunąć na poprzedni – po pewnym czasie będziecie dzięki temu mieli domowy album dziecięcych obrazów.

Dobre rady:
Plastikowymi klamerkami do zasłon prysznicowych można przyczepić zabawki do łóżeczka, wózka, oparcia fotela samochodowego.

Allen M., Wichita

Przyjaciele i rodzina

Przygotuj:
mapę Polski albo mapę świata, zdjęcia członków rodziny i przyjaciół, ramki z papieru lub cienkiego styropianu, pinezki albo dwustronną taśmę samoprzylepną.

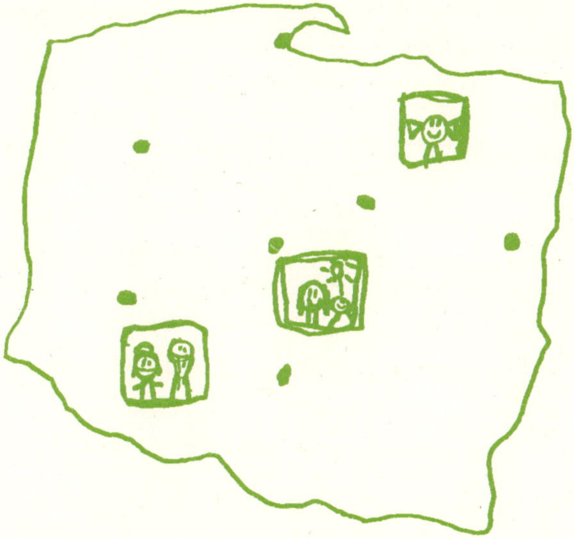

Powieś mapę w dziecinnym pokoju. Wsuń fotografie w ramki i przyczep je na mapie w miejscach, gdzie mieszkają widniejący na tych zdjęciach członkowie rodziny i przyjaciele. Co jakiś czas zwracaj uwagę dziecka na mapę, opowiadaj mu o ludziach z fotografii i miejscowościach, w których się osiedlili. Można też zaznaczać na mapie miejsca, jakie dziecko odwiedziło; wpisuj tam datę wycieczki.

Dziecięce muzeum

Opróżnij jakąś półkę w pokoju dziecinnym, niech pełni funkcję muzealnej gabloty. Najpierw ustaw na półce pierwsze zdjęcia dziecka. Kiedy będzie starsze, eksponuj na niej przedmioty, które dziecko przynosi ze spacerów, rzeczy samodzielnie przez nie wykonane, obiekty symbolizujące zainteresowania dziecka. Półka ta z czasem stanie się wystawą ilustrującą życie i rozwój twojej latorośli. Kiedy dziecko uświadomi sobie, z jaką powagą traktujesz wszystko, co go dotyczy, poczuje się ważne i wyjątkowe.

Dobre rady:

Ze starego kwadratowego prześcieradła zrobiłam hamak dla misia mojego dziecka. Prześcieradło trzeba złożyć w trójkąt, umocować jeden koniec w rogu pokoju, a dwa pozostałe przyczepić do ścian tworzących ten kąt.

Gabby Crescini, Santa Clara

Aktualny portret

Przygotuj:

po jednej ramce do zdjęć dla każdego dziecka.

Powkładaj w ramki ostatnie zdjęcia dzieci. Co roku wsuwaj nowe fotografie, ale nie wyjmuj starych. Po pewnym czasie ramki staną się indywidualnymi albumami z portretami twoich dzieci.

Pamiętnik
zdarzeń i uczuć

Listy do dziecka

Kup gruby zeszyt i jeszcze dziś zacznij pisać listy do swojego dziecka. Może jeszcze się nie narodziło, a może ma już trzy latka – to bez znaczenia, nigdy nie jest ani za wcześnie, ani za późno, by zacząć pisać o swoich uczuciach, przemyśleniach, obserwacjach, notować spostrzeżenia związane z osobowością i życiem dziecka. Pisz jak najczęściej o uczuciach, które dziecko w tobie budzi, o tym, jak rozjaśniło twoje życie, jak bardzo je kochasz. Opisz w tych listach wszystko to, czego twój synek lub córeczka powinni się za kilka lat dowiedzieć i co powinni zapamiętać na całe życie, a o czym, być może, w ciągu tych lat zapomnisz. Odczytuj starszemu, rozwijającemu się dziecku fragmenty listów, kiedy ma kłopoty albo kiedy myśli, że go nie kochasz, bo musisz je za coś ukarać. Listy będą wciąż na nowo uświadamiać mu, że jest kochane od dawna i że będzie kochane zawsze, bez względu na to, co się zdarzy. Podaruj mu ten zeszyt, gdy już dorośnie, może się okazać, że uzna go za najcenniejszą rzecz, jaką kiedykolwiek od ciebie dostał.

59

Staw czoło kłopotom

Rodzice zwykle nie mają czasu na rozwiązywanie swoich problemów, po prostu żyją z nimi! Pomyśl jednak o tym, co najbardziej ci doskwiera. Weź kartkę, zdobądź się na odwagę i zdefiniuj swój kłopot. Zanotuj wszystkie sposoby rozwiązania problemu, jakie ci tylko przyjdą do głowy, niezależnie od tego, czy uważasz dany pomysł za sensowny, czy wręcz przeciwnie. Pomysły takie są jak nasiona – niektóre z nich bujnie się rozwijają. Chwila namysłu nad problemem, nazwanie go sprawi, że poczujesz się lepiej, nawet jeśli nie wymyślisz od razu, jak sobie z nim poradzić.

Listy urodzinowe

Co roku pisz do dziecka list z okazji jego urodzin; nie szkodzi, jeśli kilka razy o tym zapomnisz. Chodzi o to, żebyś w dniu osiemnastych urodzin swojej latorośli mogła jej wręczyć kilka przynajmniej listów, w których piszesz o jej dzieciństwie, wczesnej młodości, o miłości do niej i wierze w nią. Nam, rodzicom, często się wydaje, że nigdy o pewnych rzeczach nie zapomnimy – ale to nieprawda. Zanim więc oddasz dziecku te listy, przeczytaj je jeszcze raz albo zrób kopie.

Co mówisz?

Kup mały notesik w twardej oprawie i noś go zawsze przy sobie. Zapisuj to, co mówi dziecko – nie wszystko oczywiście, ale te wyrazy albo zbitki dźwięków, które są zabawne lub oryginalne. Wymyśl jakiś kod, który pozwoli ci zanotować dokładne brzmienie słów wymawianych przez dziecko.

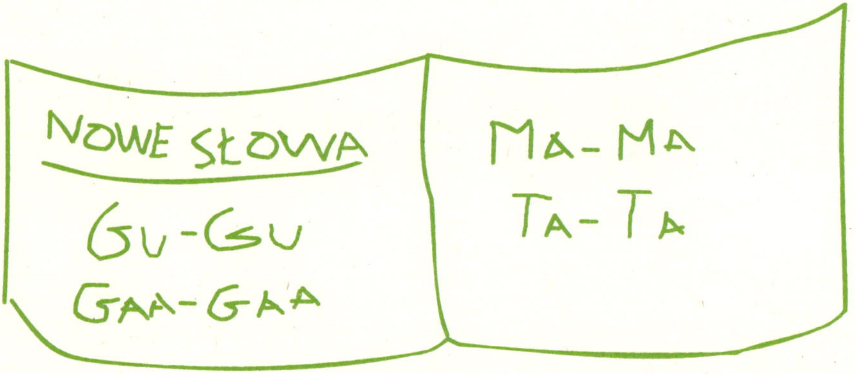

61

Myśli pozytywne

Czy jesteś czasami tak zmęczona, że nie masz siły wstać z łóżka? Może jakiś kłopot psuje ci humor? Zapisuj na fiszkach (małych, sztywnych karteczkach) weselsze, ożywcze myśli i cytaty tego rodzaju. Odczytuj je co rano, kiedy się obudzisz, i przed pójściem spać. Odczytuj je, kiedy jesteś zmęczona albo przygnębiona. Warto też notować swoje myśli „życzeniowe". Jeśli na przykład nie znosisz wcześnie wstawać, możesz napisać i odczytywać potem następujące zdanie: „Będę od dziś budzić się pogodna, pełna energii i dobrych przeczuć". Może ktoś nazwie tę metodę praniem mózgu, ale to bez znaczenia – ona się sprawdza!

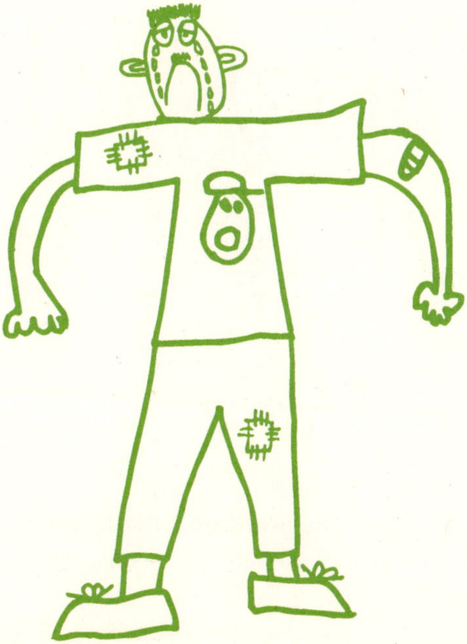

Dlaczego tak mam na imię?

Dzieci pięcio- i sześcioletnie zazwyczaj chcą się dowiedzieć, dlaczego nazwaliście je tak, a nie inaczej, jakie inne imiona braliście pod uwagę i dlaczego nie wybraliście jednego z tych innych. Uprzedź wypadki i zawczasu sporządź zapiski! Spisz imiona, nad którymi się zastanawialiście, i wasze opinie na ich temat. Zanotuj jak najwięcej informacji dotyczących imienia, które dziecku nadaliście: co ono znaczy, jakie jest jego pochodzenie. Jeżeli daliście dziecku imię na czyjąś cześć, opisz tę osobę.

Dobre rady:

Każda podarowana mojej córeczce zabawka dostawała imię ofiarodawcy. Dzięki temu mała pamiętała o wszystkich przyjaciołach, którzy dawali jej prezenty, i czuje się z nimi związana.

Mary Jane W., Grafton

Wymarzony dzień

Rodzice malutkiego dziecka rzadko próżnują, ale od czego jest wyobraźnia! Wystarczy pół godziny. Opisz szczegółowo dzień, o jakim marzysz, od rana do nocy. W tej sprawie ty decydujesz o wszystkim. Może chcesz spędzić cały dzień na czytaniu? Albo z pokładu luksusowego jachtu zanurkować w morze? A może wolałabyś powłóczyć się po tropikalnej wyspie? Albo być traktowana przez cały świat jak królowa?

Nie ograniczaj fantazji, przecież to tylko marzenia! Kiedy skończysz pisać, zamknij oczy i wyobraź sobie plastycznie ten swój wymarzony dzień.

65

Dzienniki

Pisanie dzienników to notowanie przeżyć i przemyśleń w specjalnym notatniku, do którego nikomu nie wolno zajrzeć. Zadziwiające, ile interesujących refleksji mogą podsunąć zwykłe, codzienne przeżycia. Jeszcze dziś kup gruby notatnik i zacznij pisać. Kiedy po kilku miesiącach przerzucisz swoje notatki, sama zobaczysz, jak ciekawe, oryginalne myśli przychodzą ci do głowy. Pisz o wszystkim, o swoich lękach, marzeniach, dylematach. Jeżeli będziesz musiała podjąć jakąś decyzję, zastanów się nad nią na piśmie – zdziwisz się, że udzieliłaś sama sobie tak celnej rady.

List do siebie

Mamy i tatusiowie, pochłonięci codziennymi obowiązkami, pracą, często nie widzą własnego życia w szerszej perspektywie. Widzieć życie w szerszej perspektywie to znaczy uświadomić sobie, że KAŻDY dzień kształtuje naszą biografię. Poświęć teraz parę minut i napisz list – list do siebie i męża od waszego dwudziestoletniego dziecka. Zacznij na przykład tak:

Kochani Mamo i Tato,
Tyle mnie nauczyliście...
W najtrudniejszych chwilach mojego życia Wy...
Kiedy nie wiedziałem, co mam zrobić, dzięki Wam...

Napisz w tym liście, co tylko chcesz, opatrz go datą i starannie schowaj. Wychowywanie dziecka to praca na całe życie, zaczyna się od pierwszych słów, które skierujesz do niemowlęcia podczas przewijania. Wszystko, co mówisz, co robisz, kształtuje osobowość twojego synka czy córeczki. Innymi słowy – wykonujesz kawał ważnej, dobrej roboty. Pamiętaj o tym, kiedy znów wrzask twojego słoneczka poderwie cię na równe nogi o czwartej rano!

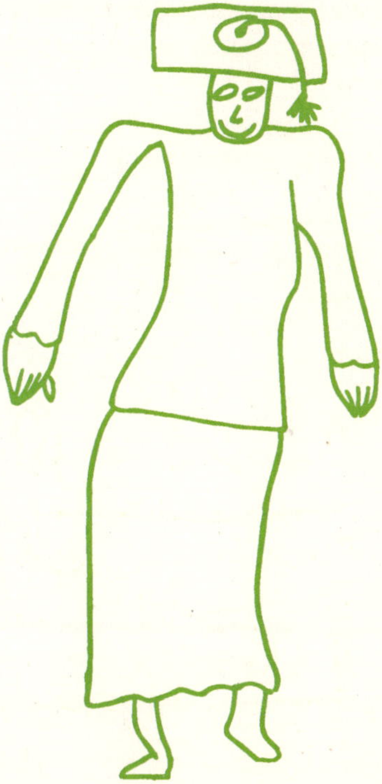

67

Autobiografia

Każdy człowiek ma swoją historię – wartą spisania. Dlaczego nie zacząć już dziś, natychmiast?

Kiedy twoje dzieciaki zdobywają kolejne doświadczenia, przypomina ci to własne przeżycia z dzieciństwa. W dodatku teraz, gdy jesteś już matką, rodzice i krewni chętniej wspominają twoje perypetie z dziecięcych lat. Nie trzeba być wielkim pisarzem, żeby napisać o swoim życiu. Wystarczy wytężyć pamięć i zdobyć się na szczerość wobec samej siebie. Kiedy dziecko podrośnie, będzie uwielbiało opowieści o twoich przygodach sprzed lat i chętnie wysłucha ich wiele razy.

Marzyć odważnie

W dzienniku albo na kartce spisz wszystko, o czym marzysz. Nie przejmuj się tym, że niektóre z marzeń wydają się nierealne, nie hamuj wyobraźni. Możesz podzielić je na kategorie: na marzenia osobiste, związane z dziećmi, małżeństwem, karierą, sytuacją finansową i inne. Sporządzaj takie spisy co kilka miesięcy i przechowuj je. Czy będziesz zdziwiona, jeśli twoje marzenia zaczną się spełniać?

Dobre rady:

Kiedyś zastanawiałam się, czy nie wrócić na uczelnię i nie zrobić magisterium. Pewna kobieta poradziła, żebym spisała swoje oczekiwania wobec życia i dopiero wtedy zdecydowała, czy naprawdę do szczęścia jest mi potrzebny akurat tytuł magistra. Dzięki niej nie poświęciłam kilku lat życia na rzeczy, które zupełnie nie były mi potrzebne.

Angela M., Hartford

69

List dziękczynny

Wszyscy spotykamy w życiu ludzi, którzy nam pomogli, wskazali właściwą drogę, wspierali nas swoją miłością. Spróbuj dziś przypomnieć sobie kogoś, kto w czasach dzieciństwa wpłynął na kształt twojej osobowości. Pomyśl o zaletach tej osoby. Napisz do niej list, w którym opowiesz o sobie, o swojej rodzinie, o zrealizowanych celach i spełnionych marzeniach, a przede wszystkim – o tym, jak wielką ta osoba odegrała rolę w twoim życiu. Potrzebujemy uczuć pozytywnych, tymczasem pamiętamy o krzywdach, a szybko zapominamy o dobrodziejstwach, jakich doznaliśmy. Wyznaj tej osobie, że była twoim mistrzem.

Ruch

Codzienny spacer

Codziennie przynajmniej przez kwadrans spaceruj szybkim krokiem. Świeże powietrze poprawi ci humor i dobrze zrobi twojemu sercu. W czasie spaceru oddychaj głęboko, rozmyślaj i odpręż się. Kiedy dziecko jest jeszcze malutkie i umieściłaś je w nosidełku, które przymocowałaś z przodu, poczuje się ono tak bezpiecznie, jak kiedyś w twoim brzuchu, i równy rytm kroków mamy najprawdopodobniej je uśpi. Kiedy podrośnie, nie dźwigaj go już, zabieraj na spacer w wózku. Zobaczysz, jak będzie kręciło główką we wszystkie strony, żeby czegoś nie przegapić!

Masaż

Przygotuj:

koc albo duży ręcznik, oliwkę, włącz łagodną muzykę (taką, którą lubisz najbardziej).

Upewnij się, że w pokoju jest ciepło. Usiądź na podłodze, plecami oprzyj się o kanapę, nogi wyciągnij przed siebie. Przykryj je kocem albo ręcznikiem, na nim połóż dziecko. Jeśli będzie się zsuwało, wsuń pod łydki małą poduszkę. Rozbierz je, zostaw ewentualnie tylko pieluchę. Wylej trochę oliwki na wnętrze dłoni i pocieraj ręce tak długo, aż kosmetyk i twoje dłonie będą bardzo ciepłe. Mów do dziecka, kiedy – delikatnie, ale zdecydowanie – położysz mu ręce na piersi. Masuj od klatki piersiowej do paluszków nóg i z powrotem. Możesz to robić, jak długo zechcesz. Pamiętaj, żeby twoje ruchy były powolne. Potem weź dziecko za rączkę lub za stópkę i kciukiem masuj wnętrze dłoni albo spód stopy. Przewróć dziecko na brzuszek i rozetrzyj mu plecy. Nie musisz specjalnie uczyć się reguł zawodowego masażu, najważniejsze, żebyś patrzyła dziecku w oczy, mówiła do niego, żebyś otoczyła je miłością.

Poranna gimnastyka

Co rano wygospodaruj trochę czasu na proste ćwiczenia, które możesz wykonywać z dzieckiem. Oczywiście będzie ćwiczyło mniej intensywnie niż ty, ale przecież ma przed sobą jeszcze mnóstwo czasu na zdobycie dobrej kondycji!

- Dziecko leży na podłodze na brzuszku, połóż się obok niego z twarzą zwróconą w jego stronę. Unoś tułów – dziecko poćwiczy sobie mięśnie karku, podnosząc główkę, żeby śledzić twoje ruchy.
- Połóż się na boku, umieść dziecko na plecach przed sobą. Podnoś nogę i jednocześnie dotykaj małego brzuszka, kołysząc ciałko dziecka z boku na bok.
- Połóż się na plecach, umieść na sobie dziecko leżące na brzuszku. Powoli podnoś się i kładź – w ten sposób ćwiczysz mięśnie brzucha, a dziecko jest uszczęśliwione, że jeździ sobie w górę i w dół.
- Stań w rozkroku, dziecko połóż na pleckach między nogami. Zachęć je, by chwyciło cię za palec wskazujący lub kciuk. Ostrożnie podnoś córeczkę albo synka do góry. Kiedy kładziesz je z powrotem, wykonaj skłon.

Dobre rady:

Zorientowałam się, że mogę się gimnastykować przy dziecku. Mały uwielbia leżeć na podłodze i obserwować moje ćwiczenia. Oczywiście nie mogę sobie pozwolić na godzinną gimnastykę, ale i kwadrans, od czasu do czasu poświęcany ćwiczeniom, pomaga mi rozładować stres i poczuć się lepiej.

Dana B., Portola Valley

Naprężanie mięśni

Usiądź wygodnie na czymś miękkim, przed sobą połóż dziecko. Mów do niego, śpiewaj albo puść muzykę, którą lubi. Chwyć rączki malucha za nadgarstki i delikatnie skrzyżuj je na jego piersi. Po kilku sekundach znów rozłóż rączki na boki. Zginaj i rozprostowuj każdą rączkę po kolei, potem połącz je nad główką. Zginaj i wyprostowuj nóżki dziecka, przyciągaj palce stópek do główki. Uśmiechaj się i mów: – Tak pracują nasze śliczne nóżki. – Dziecko kocha twój głos, więc może też się uśmiechnie. Te ćwiczenia trzeba wykonywać przede wszystkim wtedy, kiedy dziecko nie porusza się jeszcze samodzielnie.

Dobre rady:

Kiedy moja córeczka miała atak kolki, przestawała płakać, gdy ją masowałam. Najwyraźniej taki delikatny ucisk pomagał usunąć gazy.

Charlotte H., Waszyngton

Wić się jak dżdżownice

Przygotuj:
obrazek z dżdżownicami albo książkę o nich, żywą dżdżownicę (opcjonalnie).

Włącz muzykę. Przeczytaj dziecku bajeczkę o dżdżownicach, pokaż obrazek albo żywego robaka. Opowiedz, jak to dżdżownice, które nie mają rączek ani nóżek, muszą się wić, żeby dotrzeć tam, gdzie chcą się znaleźć. Połóż się na podłodze obok dziecka, ręce przyciśnij do boków i wij się – jak dżdżownica. Dziecko może zacząć się śmiać na widok mamy, która robi to samo, co ono, kiedy jeszcze nie raczkowało. Zaśpiewaj piosenkę:

Ta dżdżowniczka, taka miła,
Wiła się, wiła i wiła.
Czy to deszcz, czy to susza,
Ona dzielnie w drogę rusza!
Wij się, wij, dżdżowniczko mała,
Wij się, wij się cała.

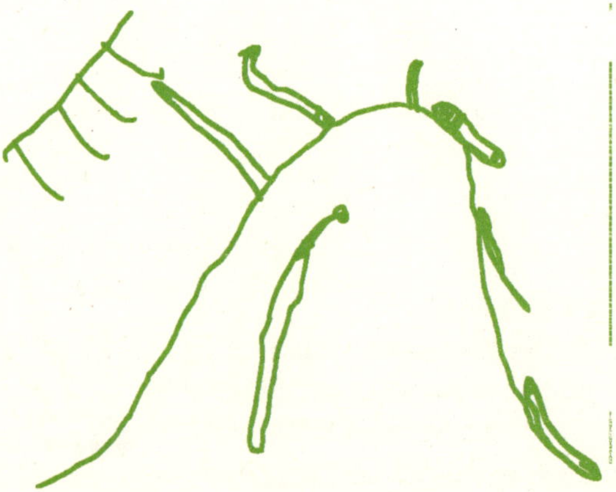

Przetańczyć całą noc

Przygotuj:
radio, telefon albo odtwarzacz CD.

Odsuń wszystkie sprzęty i zrób tyle miejsca, żebyś mogła kręcić się swobodnie we wszystkich kierunkach.
Każdy umie tańczyć, trzeba tylko chcieć. Przytul dziecko mocno, włącz muzykę i poruszaj się w jej rytm. Podnoś dziecko w górę, kręć się w kółko, po kroku w przód rób krok do tyłu. Jeśli pokój jest mały, tańcz w całym mieszkaniu. Takie ćwiczenia dobrze ci zrobią!

Latające dziecko

Kiedy dziecko umie już utrzymać główkę w górze, możesz zacząć bawić się z nim w latanie. Połóż się na plecach, na łóżku lub na podłodze, złap dziecko pod paszki i naśladując warkot samolotu, unoś je nad sobą, kołysz na boki. Mów dziecku, że właśnie lata. Możesz także położyć je na brzuszku, stanąć nad nim w rozkroku, złapać wpół i kołysać. Lepiej, żebyś przy tej zabawie ugięła nogi w kolanach, inaczej możesz sobie uszkodzić kręgosłup. Dziecko starsze, mniej więcej dziewięciomiesięczne, lubi, kiedy trzymając je zataczasz w powietrzu kręgi jego ciałkiem. Buzię może mieć wtedy zwróconą ku górze lub ku dołowi, to bez znaczenia, i tak będzie mu się zdawało, że naprawdę lata.

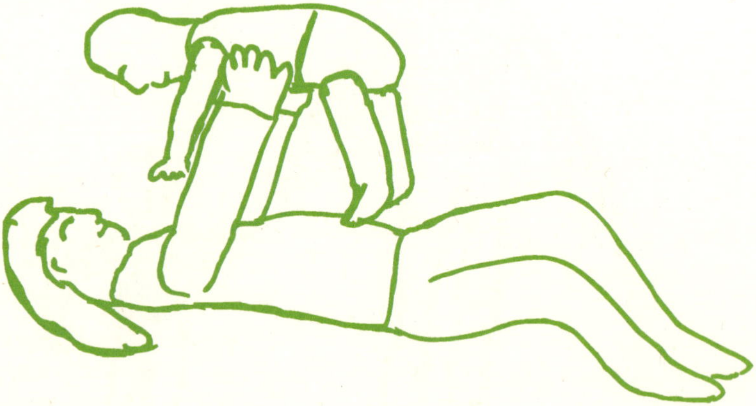

Zabawa z szarfami

Przygotuj:

zwiewne szarfy.

Puść muzykę. Poodsuwaj meble albo wyjdź z dzieckiem na dwór. Podziel się z nim szarfami. Podrzucajcie je w górę i obserwujcie, jak miękko spływają na ziemię. Spróbujcie naśladować ruch leciutkich szarf. Owińcie się szarfami i tańczcie, wyobrażając sobie, że jesteście dwiema chmurami, baletnicami, dwoma ptakami lub szumiącymi liśćmi. Uruchom wyobraźnię i bawcie się dobrze.

Mały alpinista

Ułóż piramidę z materacy, poduszek, kocy i pozwól dziecku wdrapywać się na tę górę. Kiedy już nauczy się wspinać, ułóż materace częściowo jeden na drugim tak, żeby przypominały schody. Dziecko dziewięciomiesięczne można zacząć uczyć chodzenia po prawdziwych schodach. Postaw jakąś zabawkę na stopniu i pomóż małemu dostać się do niej. Potem zestaw ją niżej i pokaż dziecku, jak schodzi się ze schodów. Ale nawet gdyby świetnie sobie radziło, nie powinnaś mu pozwalać na samodzielne zabawy na schodach, zanim skończy dwa lata.

Pantomima bliźniaków

Stańcie naprzeciwko siebie. Najłatwiej można nauczyć dziecko, jak kogoś naśladować, naśladując gesty samego dziecka. Cokolwiek robi, powtarzaj jego ruchy: podnoś ręce do góry, dotykaj nosa, rozczochraj włosy. Potem wykonuj ruchy, które dziecko będzie w stanie powtórzyć. Im dziecko będzie starsze, tym bardziej taka zabawa będzie przypominała pantomimę.

Wspólny wariacki taniec

Przygotuj:
lista szybkich i wolnych utworów.

Wszystkie dzieciaki lubią się kiwać, machać rękami i nogami. Lubią także, kiedy podobnie wygłupiają się roześmiani rodzice. Włącz muzykę. Zacznij potrząsać palcami rąk, ręką, ramionami, wykonuj nimi wężowe ruchy. Potem zacznij w ten sam sposób ruszać nogami, spróbuj też takiej zabawy z głową, brzuchem, pupą. Wpraw w ruch całe ciało tak, jakby przebiegały przez nie wibracje. Niech dziecko wskazuje, czym masz poruszać, a ty wykonuj jego polecenia. Rozwibrowanymi dłońmi dotykaj ramion i pleców dziecka. Pod koniec tej zabawy, osłabiona śmiechem i zmęczeniem, padniesz bez tchu na kanapę!

80

Przynieś

Ta gra spodoba się zarówno dzieciom, które już chodzą albo biegają, jak i tym, które raczkują. Będą się dobrze bawić i gimnastykować zarazem. Rzuć piłkę albo zabawkę i poproś, żeby dziecko przyniosło ci ten przedmiot najszybciej, jak tylko zdoła. Możesz wypróbować różne warianty tej zabawy, chodzi tylko o to, żeby dziecko ruszało się i było zadowolone. Rzuć na przykład kilka przedmiotów i powiedz dziecku, w jakiej kolejności ma ci je przynosić. Albo rzuć dwie kolorowe piłki i poproś, żeby przyniosło ci czerwoną.

Jeśli dziecko zechce, niech ono rzuca zabawkami, a ty je przynoś – wtedy i mama się pogimnastykuje!

Kształty

Na podłodze uformuj skakankę albo długi sznurek w dowolny kształt, a potem wraz z dzieckiem spróbujcie, wykorzystując swoje ciała, odtworzyć ten kształt. Najlepsze są takie nieskomplikowane figury, jak prostokąt, koło, trójkąt, możecie też układać się tak, aby przypominać linie proste, zakrzywione, falujące. Jeśli do zabawy zapragną się dołączyć inni członkowie rodziny, będziecie mogli wspólnie stworzyć bardziej zawiłe wzory – byle tylko starczyło wam podłogi!

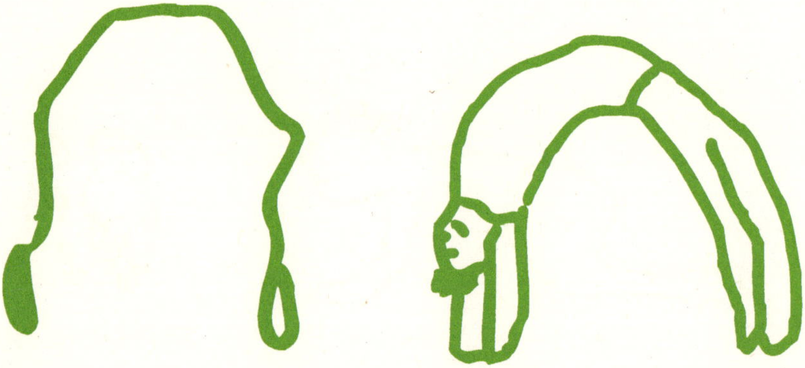

Mój mały wędrowiec

Przygotuj:
kolorowe prześcieradło, kilka miękkich poduszek, kosz na bieliznę, ulubioną zabawkę, piłkę, skakankę, tekturowe pudło, materac.

W dużym pokoju albo na podwórku rozłóż kolorowe prześcieradło na stole lub na krzesłach tak, żeby przypominało namiot. Z pozostałych przedmiotów ułóż pod namiotem tor przeszkód. Prowadź po nim dziecko, skłaniając je do wykonywania ruchów, które już opanowało. Niech chodzi albo raczkuje do przodu i do tyłu, kuca, kręci się w kółko, może lubi też skakać, chodzić na paluszkach albo turlać się. Odpowiednio ułożoną na ziemi skakanką wskazujesz dziecku kierunek.

Muzyka

Wyśpiewaj imię dziecka

Ułóż piosenkę opisującą jakąś codzienną czynność wykonywaną przez dziecko. Może to być piosenka o wstawaniu z łóżka, piosenka o drzemce, o ubieraniu się, jedzeniu. Powinna brzmieć mniej więcej tak:

Stasio lubi kąpać się, kąpać się.
Stasio co dzień pluszcze się, pluszcze się.
Stasio to jest morski wilk, morski wilk.
Mama go podziwia!

Dobierz do tekstu melodię albo wymyśl ją sama. Kiedy dziecko słyszy, jak wielokrotnie powtarzasz jego imię, czuje się dobrze i bezpiecznie. Za każdym razem, gdy dziecko wykonuje opisaną czynność, śpiewaj stosowną piosenkę. Dzięki temu umocnisz w nim poczucie własnej tożsamości, wskażesz też, jak powinno się w danej chwili zachowywać. Może się nawet zdarzyć, że już przy pierwszych słowach piosenki o drzemce dziecko będzie zasypiać!

85

Piosenki dziecka

Posłuchaj, jak dziecko gaworzy. W tych dźwiękach, słowach jest czasem swoisty rytm. Dzieci potrafią powtarzać w kółko jakąś swoją własną melodyjkę. Kiedy już ją rozpoznasz, zawtóruj. Nawet zwykłe „la la la" zaśpiewane w dziecięcym rytmie zabrzmi jak piosenka. Wszystkie dźwięki, jakie maluch wydaje, oznaczają chęć nawiązania kontaktu z otoczeniem. Wesprzyj te wysiłki, przyłącz się do „śpiewu". Dziecko będzie zachwycone i poczuje się ważne.

Śpiewające pojemniczki

Przygotuj:
małe plastikowe pojemniki, kilka kulek szklanych albo utoczonych z kamienia, trochę suszonej fasoli, surowego ryżu, prażonej kukurydzy, garść piasku.

Do pojemników włóż „śpiewające" przedmioty. Można wkładać osobno fasolę, osobno kulki, można też napełnić pudełka mieszankami z przygotowanych przedmiotów. Daj dziecku do każdej rączki po pojemniku i trzymając malucha za łapki, potrząsaj nimi. Spróbuj zanucić jakąś melodyjkę w rytmie dźwięków wydobywających się z puszek. Możesz nawet zatańczyć ku uciesze dziecka. Zabieraj śpiewające pojemniki w podróże, w których dziecko ci towarzyszy.

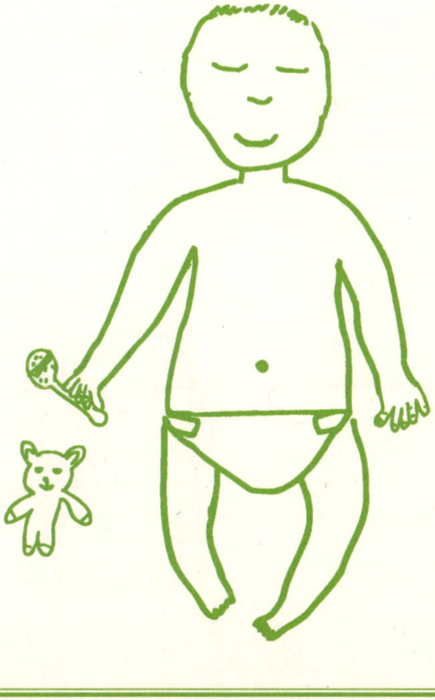

Uwaga!
Nie spuszczaj tych pojemników z oka, kiedy są w zasięgu dziecka – gdyby z któregoś wysypała się zawartość, mogłoby ją połknąć.

87

Głos twojego dziecka

Przygotuj:
telefon z dykrafonem.

Nagraj krótką informację na temat dziecka. Podaj datę nagrania, wiek malucha, opowiedz, co lubi robić, co lubi jeść, jakie ma usposobienie. Potem nagraj głos dziecka – kiedy się śmieje, płacze, gaworzy, posapuje. Tak jak co dzień śpiewajcie piosenki, klaszczcie, bawcie się. Co jakiś czas dodawaj nowe nagranie, dzięki temu dziecko będzie mogło kiedyś posłuchać, jak zmieniała się muzyka jego głosu.

Dzwoneczki na rączkach i nóżkach

Przygotuj:
szeroką gumę i dzwoneczki.

Utnij cztery kawałki gumy, dwa na przeguby dziecka, dwa na nóżki ponad kostką. Zszyj końce tak, żeby powstały gumowe bransoletki. Sprawdź, czy nie są za ciasne, i przymocuj do każdej po kilka dzwoneczków; od ich liczby zależy natężenie hałasu towarzyszącego tej zabawie. Załóż bransoletki na przeguby dziecka i na nóżki nad kostkami. Puść muzykę i pokaż dziecku, jak można potrząsać dzwoneczkami do taktu. Śmiejcie się, śpiewajcie, róbcie śmieszne miny. Możesz nawet wziąć łyżkę, patelnię albo pokrywkę i głośno wybijać rytm! Przytul dziecko; wirujcie, podzwaniając dzwoneczkami!

89

Zgadnij, co to?

W tę grę można bawić się wszędzie. Uczy ona uważnego słuchania, wrażliwości na dźwięki. Dziecko zamyka oczy i próbuje odgadnąć, co jest przyczyną hałasu. Na przykład:

W kuchni: odkręć kran tak, żeby woda kapała do zlewu, zrzuć widelec na podłogę, uderz nim w talerz, w patelnię, przykryj patelnię pokrywką, otwórz drzwi lodówki, nastaw minutnik itd.

W pokoju: rzuć piłkę na podłogę, wystukaj numer w telefonie, poproś kogoś, żeby do was zadzwonił, trzaśnij drzwiami itd.

Kiedy dziecko będzie trochę starsze, to ono może hałasować, a ty będziesz zgadywać.

Ukryta muzyka

Przygotuj:
zabawkę wydającą dźwięki, na przykład mruczącego misia albo pozytywkę.

Nakręć zabawkę i ukryj ją. Spytaj dziecko: – Gdzie to tak gra? – Poraczkujcie razem w poszukiwaniu zabawki. Kiedy dziecko jest starsze, można odwrócić role: ono schowa zabawkę, a ty jej będziesz szukać. Małe dziecko pęka ze śmiechu, kiedy obserwuje wysiłki mamy w tej zabawie. Zaimponuj mu, znajdź zabawkę – ale oczywiście nie od razu!

91

Pałeczkami do rytmu

Przygotuj:
drewniane okrągłe kijki długości mniej więcej 15 do 20 cm, o średnicy około 2 cm (w większości sklepów przytną ci je wedle życzenia), papier ścierny, błyszczącą farbę akrylową.

Przetrzyj papierem ściernym końce pałeczek, aż będą idealnie gładkie. Pomaluj je na rozmaite wesołe kolory; poczekaj, aż farba wyschnie. Jeśli wolisz naturalny kolor drewna, powlecz kijki bezbarwnym lakierem. Przedtem przeczytaj uważnie etykiety na pudełkach z farbami lub lakierem – nie mogą zawierać żadnych toksycznych składników. Pałeczki nadają się do wielu zabaw z dzieckiem, które skończyło już trzy miesiące.
Oto kilka propozycji:

- Zanuć jakąś melodię i postukuj pałeczkami do taktu.
- Jeśli dziecko umie już utrzymać coś w rączce, niech każde z was ma po dwie pałeczki. Postukaj swoimi pałeczkami w pałeczki dziecka, ono niech stuka w twoje.
- Gdy dziecko zaczyna raczkować, połóż pałeczki na podłodze – może zechce je turlać przed sobą.
- Włącz muzykę i wystukuj jej rytm.
- Zaproś do zabawy starsze dzieci. Niech, ku uciesze malucha, wymyślą i zaprezentują taniec z pałeczkami.

Żartobliwe piosenki

Zwariowane piosenki pomogą ci rozwijać w dziecku poczucie humoru. Bywa, że dowcipy, absurdalne żarty zawarte w przyśpiewkach doprowadzają do śmiechu nawet jednoroczne dziecko. Poszukaj takich piosenek albo skomponuj je sama. Mogą one dotyczyć codziennych czynności, które ubarwisz żartem albo odrobinę szalonym powiedzonkiem. Na przykład dodaj utrzymane w takim właśnie stylu trzy kolejne wersy do zaproponowanych przez nas:

Oto do ząbków szczoteczka-cioteczka...

Prince polo, prince polo teraz zjem...

Kasia kochała wieloryba...

Jeden dziadek miał wypadek...

Śpiewając, śmiej się, aby dziecko musiało się zastanowić, co cię tak śmieszy, i zaczęło o to pytać. Właściwe odpowiedzi pomogą dziecku zrozumieć zabawę, a ciebie zmuszą do gimnastyki umysłowej.

Gumowy instrument

Przygotuj:

kilka gumek recepturek, różnej szerokości i grubości, pudełko po butach.

W niewielkich odstępach naciągnij gumki na pudełko. Wkładaj pod nie palce i ciągnij je do góry, a potem puszczaj. Przysłuchujcie się z dzieckiem plaśnięciom wydawanym przez gumę. Przeciągnij palcem po wszystkich „strunach". Dziecko chętnie pójdzie w twoje ślady i będzie się świetnie bawiło – dopóki któraś gumka nie uszczypnie go w rączkę.

Tam-tam

Przygotuj:
trzy różnych rozmiarów okrągłe puszki po żywności i taśmę klejącą.

Owiń puszki taśmą klejącą tak, żeby powstał jeden instrument. Postaw bębenki dziecku na brzuszku albo umieść je na podłodze między wami. Pokaż dziecku, że w tam-tamy uderzać można palcami, otwartą dłonią, bokiem dłoni, kłykciami. Puść muzykę, wystukujcie jej rytm na bębenkach.

94

Proszę ciszej, proszę głośniej

Przy tej zabawie możesz przybliżyć dziecku na przykład nasz hymn; zacznij od refrenu. Najpierw śpiewaj głośno, potem, przy słowach „z ziemi włoskiej", ścisz głos (Włochy są daleko) i zaraz, przy „do Polski", znów śpiewaj głośniej. Zaśpiewaj zwrotkę zaczynającą się od: „Już tam ojciec do swej Basi mówi zapłakany", podobnie ściszając i natężając głos. Dzięki temu dziecko zacznie pojmować dynamikę dźwięków i muzyki. Zaśpiewajcie razem, zmieniajcie siłę głosu, podkreślając i wydobywając znaczenie poszczególnych słów.

95

Stepujące paluszki

Przygotuj:

stare rękawiczki dziecka, dziesięć guzików, igłę i nitkę.

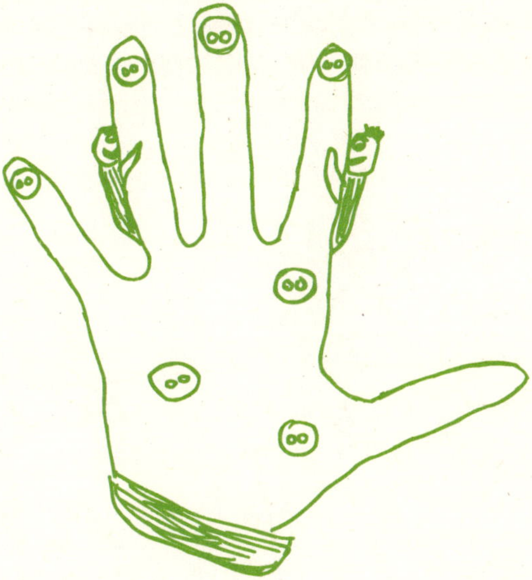

Przyszyj guzik na końcu każdego palca rękawiczki od wewnętrznej strony. Załóż je dziecku i zacznij bębnić jego rączkami o stół albo o podłogę. Potem wypróbujcie, jakie dźwięki mogą wydobyć guziki z kamienia, metalu, marmuru, plastiku, kamionki, porcelany. Czasem dzieci domagają się, żeby zakładać im rękawiczki, kiedy raczkują – lubią wystukiwać na podłodze swoje melodyjki.

Opowiastka z efektami dźwiękowymi

Wymyśl albo przeczytaj dziecku jakąś zabawną historyjkę, w której można zastosować efekty dźwiękowe (naśladować odgłosy natury, zwierzęta i inne). Podczas opowiadania wyśpiewuj niektóre wyrazy. Niech dziecko spróbuje samo wykonać rozmaite efekty dźwiękowe. Podkreślajcie komizm historyjki zabawnymi gestami.

Zabawki

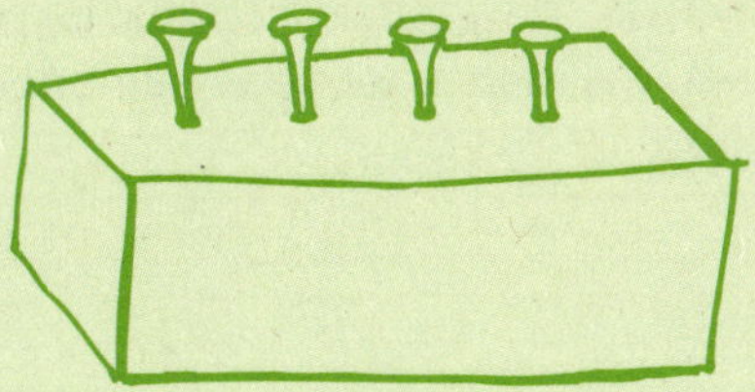

Czarno-białe obrazki

Przygotuj:
arkusz papieru i czarny flamaster.

Ostry kontrast czerni zestawionej z bielą intryguje malutkie dzieci. Interesują je także wyraziste wzory – kółka, szachownice. Najbardziej jednak lubią przyglądać się ludzkim twarzom. Na białym arkuszu narysuj okrągłą buzię, otocz ją włosami, zaznacz oczy, brwi, nos i usta. Naszkicuj też kilka innych prostych wzorów. Przyklej swoje dzieła do wewnętrznej ścianki łóżeczka, wewnętrznej strony budki wózka, wewnętrznej strony szyby w samochodzie. Niemowlęta widzą najlepiej na odległość 18 do 22 cm.

Zwisaki

Przygotuj:

kolorową obręcz służącą do zabawy w hula-hoop lub wieszak, mocny gruby sznurek albo kawałek wełnianego sznurka, rozmaite niewielkie przedmioty, małe pluszowe zabawki, solidny hak.

Chodzi o to, żeby przymocować przedmioty czy zabawki do obręczy lub wieszaka, które zawiesza się na haku u sufitu. Kilka propozycji na początek:

- Z tektury wycinasz rozmaite kształty, oklejasz je folią aluminiową i przymocowujesz do wieszaka. Kiedy przez okno wpadnie słońce, folia rozbłyśnie srebrzystymi refleksami.
- Możesz wieszać kolorowe opakowania po żywności.
- Wieszaj lalki i misie twarzami w dół, tak żeby dziecko mogło im się przyglądać.
- Można też powiesić dzwoneczki albo inne „śpiewające” przedmioty. Odezwą się przy każdym powiewie.

100

Dotyk tkaniny

Przygotuj:

kawałki rozmaitych tkanin – aksamitu, jedwabiu, frotté, płótna, skóry, sztucznego futerka, sztruksu – papier ścierny, płaskie pudełko z pokrywką (najlepsze są kartonowe opakowania bombonierek).

Zrób w przykrywce pudełka dwie dziurki – powinien zmieścić się w nich palec wskazujący. Włóż do środka tkaniny. Skłoń dziecko, żeby wsunęło palec w dziurkę i dotykało tkanin. Opowiadaj mu o nich, mów, które są w dotyku gładkie, szorstkie, puszyste itd.

Dobre rady:

Kiedy twoje dziecko ząbkuje, daj mu do gryzienia gumową mydelniczkę, taką, która sama przysysa się do podłoża. Przy okazji można także przyczepić inne przyssawki w zasięgu rączek dziecka, na przykład nisko na lodówce. Maluchy uwielbiają odrywać takie przyssawki i słuchać charakterystycznego dźwięku, jaki wtedy wydają.

Jan Collins, Edina

Obrazki do żucia

Przygotuj:

przezroczyste, miękkie plastikowe okładki na papiery, kolorowe czasopisma, klej, kolorowy papier.

Dwa obrazki, wycięte z magazynów, przytnij tak, żeby miały identyczne rozmiary. Sklej je „plecami" albo przyklej każdy z osobna do kawałka kolorowego papieru. Wsuń obrazki między przezroczyste okładki i sklej brzegi. Dziecko może oglądać obrazki i żuć sobie miękkie okładki – dzięki temu można ocalić nową książkę z ilustracjami. Jeśli chcesz zrobić album, przedziurkuj każdą okładkę i przeciągnij przez dziurki sznurek albo grubą nić. Gdybyś uznała naszą propozycję za zbyt pracochłonną, obrazki zanieś do punktu, gdzie pokryją je folią – nie kosztuje to wiele. Jeszcze mniej wydasz, jeśli każesz okleić wszystkie obrazki razem jedną wielką płachtą plastiku i powycinasz je w domu.

Dobre rady:

Dziecko w czasie ząbkowania chętnie będzie żuło wyparzoną, miękką szczoteczkę – jednocześnie wymasuje sobie dziąsła.

Chris N., San Antonio

Ciche grzechotki

Przygotuj:

małe obiekty przyciągające wzrok, na przykład kolorowe guziki, błyszczące paciorki albo cekiny czy dzwoneczki, mocny klej, taśmę klejącą, plastikowe przezroczyste pudełko z wieloma przegródkami – nie za duże, takie by dziecko mogło wziąć je do rączki.

Włóż przygotowane kolorowe przedmioty do przegródek. Przyklej wieko i kiedy klej wyschnie, owiń taśmą miejsce styku pokrywki z dolną częścią pudełka.

Możesz zrobić różne pudełka, na przykład:

- Pudełko „ciche”, do którego włożysz kolorowe piórka, kolorowe klamerki do włosów, konfetti. Dziecko będzie nim potrząsać i obserwować, jak przemieszczają się przedmioty.
- Pudełko „ciche” innego rodzaju, zawierające przedmioty, których dziecku w żadnym razie nie wolno dotykać, ale na które uwielbia patrzeć, na przykład haczyki do wędek czy szklane ozdoby choinkowe.

Turlak

Przygotuj:
dwie dwulitrowe butelki plastikowe po napojach, małe zabawki, piłeczki, klej żywiczny, taśmę klejącą.

Obetnij jedną trzecią każdej butelki. Do jednej z nich włóż zabawki i piłki. Wepchnij ją uciętym, posmarowanym klejem końcem do drugiej, sklej – powstanie podłużny turlak. Kiedy klej wyschnie, owiń miejsce styku butelek taśmą. Połóż swoje dzieło na podłodze i zachęć dziecko do zabawy. Będzie z zainteresowaniem patrzyło, jak wszystkie zabawki w środku poruszają się, kiedy turlak się przemieszcza. Dziecko może też rzucać turlakiem albo obracając nim, przesypywać zawartość z jednego końca w drugi.

Nasza własna książka z obrazkami

Przygotuj:
album na fotografie, zdjęcia rodziny, przyjaciół, domowych zwierzaków, ilustracje z krajobrazami, potrawami, zabawkami, częściami ubrania i inne.

Zrób dla dziecka kilka książeczek z wybranymi obrazkami. Możesz użyć zdjęć z kolorowych czasopism, pocztówek, katalogów reklamowych, fotografii własnych i bliskich wam osób. Opowiadaj synkowi lub córeczce historyjki, kiedy oglądacie te ilustracje, mów o ludziach i przedmiotach, które dziecko już zna. Opisuj, czym zajmują się te osoby, jak działają te przedmioty. Możesz też wziąć na przykład fotografię starszej siostry malucha albo krzesła, zbliżyć się do dziewczynki lub mebla i pokazując zdjęcie, spytać: – Podobne, prawda? – Niech na każdej stronie będzie tylko jeden obrazek, dziecko będzie wtedy od razu wiedziało, o czym mówisz. Możesz także zrobić książeczkę, w której będą tylko zdjęcia dziecka.

Palce-laleczki

Przygotuj:
stare rękawiczki, kawałki pokolorowanego filcu, mazaki, igłę i nitkę.

Obetnij końce palców w rękawiczkach i pozostałe części obręb, żeby się nie strzępiły. Wytnij z filcu uszy, nosy, kapelusze, brody i wąsy, ręce. Mazakami namaluj twarze. Zrób z nich laleczki. Każdej lalce daj imię i wymyśl biografię. Załóż na palce. Niech bawią się z dzieckiem w chowanego: ukryj je pod poduszką albo inną, większą zabawką, a potem nagle wyciągaj. Kiedy dziecku znudzi się ta zabawa, przysuń laleczki do buzi małego i poruszaj nimi, wydając zabawne dźwięki.

Zabawa z klamerkami

Przygotuj:

duży, wysoki pojemnik z pokrywką i gładkimi krawędziami, klamerki do suszenia bielizny – takie, które się nie otwierają.

Oto kilka propozycji wesołych zabaw z pojemnikiem i klamerkami:

- Stańcie nad pojemnikiem i wrzucajcie do środka klamerki albo z niewielkiej odległości próbujcie trafić nimi do wnętrza.
- Usiądźcie na podłodze, pojemnik postawcie przed sobą i przesuwajcie klamerki po pokrywce. Potem zdejmijcie je i za chwilę znów na niej połóżcie.
- Włóżcie klamerki do pojemnika, zamknijcie pokrywkę, połóżcie pojemnik na podłodze i poturlajcie go.
- Postawcie pojemnik na wieku i zacznijcie bębnić w niego klamerkami jak pałeczkami.

Nawlekamy

Przygotuj:

duże drewniane korale w różnych kolorach, krótkie, duże, puste w środku rurki makaronowe (na przykład cannelloni), kolorowe sznurowadła z plastikowymi końcówkami, pudełko po butach.

Unikaj tej zabawy, dopóki dziecko jest jeszcze w okresie wkładania wszystkiego do buzi – chyba że korale będą bardzo duże. Włóż korale i makaron do pudełka (wieko możesz jakoś ozdobić). Zawiąż porządny, spory supeł na jednym końcu sznurowadła – żeby to, co nawleczecie, nie uciekło. Najpierw pomóż dziecku nawlec korale i makaron w dowolnej kolejności, potem zaproponuj, żeby dobierało „paciorki" według jakiegoś schematu – niebieski koralik, czerwony i znów niebieski albo dwa korale, jedna rurka makaronowa. Kiedy nasycicie się zabawą, zwiąż końce sznurowadła. Będziecie mieli naszyjnik lub dekorację do powieszenia na ścianie.

108

Pudełko do młotkowania

Przygotuj:
twarde, niewielkie pudełko, ostry, spory gwóźdź, kilka mazaków, zwykły młotek, drewniany młoteczek.

Postaw pudełko do góry nogami. Najpierw zrób w dnie dziury, wbijając gwóźdź młotkiem. Schowaj narzędzia. Daj dziecku mazaki – niech wbija je w dziurki drewnianym młoteczkiem. Wesołego młotkowania!

Łapka na korale

Przygotuj:
plastikową miarkę w kształcie niskiego kubeczka, taką, jaką czasem można znaleźć w dużych pudłach proszku do prania, sznurek albo wąską wstążkę długości mniej więcej 20 cm, jeden niewielki koralik i jeden o połowę od niego mniejszy.

Wywierć dziurę w dnie miarki, przewlecz przez nią sznurek albo wstążkę, przywiąż do jednego końca mniejszy koralik – nie może mieścić się w dziurce. Do drugiego końca sznurka lub wstążki przywiąż koral większy. Pokaż dziecku, jak rozhuśtać ten większy koralik tak, żeby poszybował w powietrze, a potem złapać go miarką. Dla siebie też zrób taki przyrząd, będziecie mogli bawić się wspólnie. Jeśli dziecko nie daje sobie rady z łapaniem korala, pokaż mu inną zabawę. Postaw na stole albo na podłodze małą lalkę lub klocek. Odwróć miarkę do góry nogami, rozhuśtaj sznurek z koralikiem i przewracaj stojącą zabawkę.

Papierowe piłki

Przygotuj:
gazetę, taśmę klejącą, pudełko z tektury.

Ugnieć z gazety małe, średnie i duże kule. Owiń każdą taśmą klejącą, żeby papier się nie rozwijał. Kop piłkę, starając się przewrócić coś, co postawiłaś na podłodze, albo próbuj strzelić gola – rolę bramki odgrywa pudełko – rzucaj i łap piłki. Dziecko pewnie samo wymyśli jeszcze parę podobnych zabaw. Macie szczęście – papierowymi piłkami można bawić się w domu!

Kuchnia dziecka

Przygotuj:
dużo różnych małych pudełek – im mniejsze i barwniejsze, tym lepiej.

Sprawdź, czy pudełko jest czyste, potem wypchaj je gazetą, żeby zachowało kształt. Oklej je starannie taśmą tak, żeby dziecko nie zdołało jej zerwać. Malutkie dziecko będzie pewnie najpierw brać do buzi takie pudełka albo bawić się nimi jak klockami, ale kiedy tylko zobaczy cię w kuchni przy pracy, zaraz zapragnie cię naśladować! Zrób dla dziecka jego maleńką, własną kuchenkę. Do dużego pudła albo skrzynki wkładaj wszystko to, co w innej sytuacji powędrowałoby do śmieci: miarki, plastikowe łyżeczki, stare garnki, fartuszki i inne.

Na podłodze

Zaczarowane lustro

Przygotuj:
lustro z nietłukącego się szkła i szal.

Stań z dzieckiem przed lustrem tak, żeby odbiły się w nim wasze twarze. Najpierw zachowaj obojętny wyraz twarzy, potem powoli zacznij się uśmiechać. Przekazuj dziecku krótkie komunikaty: – Wyglądam na zadowoloną. – Głupio się czuję. – Ale mam usta! – Potem nadaj twarzy smutny wyraz i powiedz: – Wyglądam na smutną. – Przewiąż lustro szalem i bawcie się w chowanego ze swoimi odbiciami. Wykrzyknij: – Widzę swojego synka (córeczkę)!
Dziecko wkrótce zorientuje się, czyje to odbicia, spodoba mu się, że „czarodziejskie" lustro powtarza ludzkie ruchy.

W jego świecie

Spróbuj poznać, jak twoje dziecko widzi świat: przyglądaj się temu, na co ono patrzy, dotykaj, czego ono dotyka, wąchaj to, co ono, słuchaj dźwięków, którym się przysłuchuje. Udawaj, że sama jesteś dzieckiem! Jak wygląda stół od spodu? A sufit? Ojej, ale wysoko! Świat jest taki wielki!

Dobre rady:

Zrób zdjęcia wszystkim ulubionym pluszowym zabawkom twojego malucha i nadaj im imiona. Kiedy dziecko będzie duże, z przyjemnością przypomni sobie swoich dawnych przyjaciół.

Ana Marie P., Salt Lake City

Pudło ze skarpetami

Przygotuj:
kosz na bieliznę albo duże pudło i skarpetki w różnych rozmiarach.

Nie wyrzucaj pojedynczych skarpetek, dziecko świetnie będzie się nimi bawić. Niech zakłada je na stópki i zdejmuje. Skarpetki do zabawy nie powinny być zbyt obcisłe. Kiedy dziecku znudzi się przymierzanie skarpetek, zaproponuj, by podrzucało je do góry i obserwowało, jak spływają na ziemię.
W tej zabawie przyda się też kosz albo pudło – na pewno wpadniecie na jakieś świetne pomysły.

Dobre rady:
Jeśli masz dwoje małych dzieci, „pracuj" z nimi osobno. Zapobiegnie to sprzeczkom pomiędzy rodzeństwem.

Trisha R., Boston

Toczek z niespodziankami

Przygotuj:
dużą, czystą, okrągłą puszkę z pokrywką, piłeczki pingpongowe, małe pluszaki, małe samochodziki – krótko mówiąc, przedmioty, którymi dziecko lubi się bawić i które zmieszczą się w puszce.

Włóż zabawki do puszki, przykryj pokrywką. Usiądź na podłodze naprzeciw dziecka i na przemian turlajcie do siebie puszkę. Spytaj: – Co jest w środku? – Zachęć dziecko, żeby ściągnęło pokrywkę i wysypało zawartość na podłogę. Oczywiście, wielu dzieciom nie trzeba nic mówić; taki maluch, piszcząc ze szczęścia, opróżni puszkę, zanim zdążymy się obejrzeć!

115

116

Poraczkujmy

Poraczkuj razem z dzieckiem do innego pokoju albo do przedpokoju, żeby porwać upragniony przez malucha przedmiot lub zobaczyć któregoś z członków rodziny. W miarę jak dziecko dorasta, można tę zabawę urozmaicać. Na przykład zatrzymywać się, kiedy któreś z was krzyknie: – Stop! – i ruszać na hasło: – Naprzód! – Możecie po drodze bawić się w chowanego, w „koci, koci, łapci", recytować: „Ene, due, rabe...", śpiewać: „Jadą, jadą dzieci drogą...". Pomysły same się wam nasuną. Taka zabawa na pewno zmusi cię do śmiechu, a dziecko twój śmiech uwielbia!

117

Płatki do zabawy

Jeśli zauważysz, że dziecko przygląda się z zainteresowaniem, kiedy napełniasz miski i pojemniki, pomóż mu nauczyć się tej sztuki. Daj dziecku płatki śniadaniowe, papierowe kubki, puste pojemniki po jajkach itd. Maluchy uwielbiają takie zajęcie. Twoje dziecko zacznie chętnie przesypywać płatki, wciskać je do pojemniczków, ugniatać. Na pewno, zanim skończy, zje połowę płatków, ale też na tym ta zabawa częściowo polega!

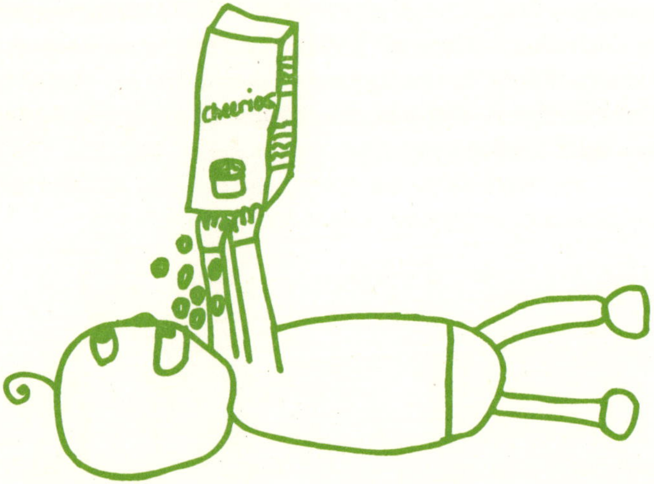

Dobre rady:

Kiedy zabieram córeczkę na obiad do restauracji, zawsze mam przy sobie jej małą łyżeczkę; noszę ją w pojemniku na szczotkę do zębów.

Carrie P., Napa

Magiczna sztuczka

Przygotuj:
prostokątne pudełko po chusteczkach kosmetycznych, barwne szale albo bardzo długi pas lekkiego materiału.

Zwiąż wszystkie szale w jeden bardzo długi i włóż je do pudełka po chusteczkach tak, żeby z otworu na pokrywce wystawał kawałek tkaniny. Dzieci są ciekawskie, lubią wszystkiego dotknąć, więc na pewno spodoba im się wyciąganie szarfy z kryjówki. Jeśli dziecko samo nie wpadnie na pomysł takiej zabawy, to mu ją podpowiedz. Ciągnij szarfę powoli i mów: – Wyciągam szal, wyciągnęłam, a teraz ty spróbuj. – Maluch zapewne będzie chciał kilka razy z rzędu wyciągnąć szarfę. Kiedy już mu się to znudzi, pokaż, jak szal może intrygująco, niczym wąż, wić się po podłodze. Dzieci lubią także ciągnąć za sobą szarfę, kiedy raczkują.

119

Rozpakuj!

Przygotuj:
samochodziki dziecka, pluszaki, klocki, piłeczki, jego łyżeczkę, bibułkę do pakowania albo stare ozdobne papiery po prezentach, wstążkę do obwiązywania paczek.

Zapakuj ładnie zabawki, każdą osobno, i połóż je w obok dziecka. Powiedz: – To chyba dla ciebie. Dzieci tak bardzo lubią rozpakowywać zawiniątka, że nie są rozczarowane, nawet gdy w środku znajdują dobrze im znane zabawki. Musisz przygotować dużo papieru i wstążki, bo – jak się już zapewne zorientowałaś – jeśli dziecku spodoba się jakaś zabawa, to lubi ją powtarzać wiele razy.

Puszka w poduszce

Przygotuj:
dużą okrągłą puszkę, trzy do sześciu piłeczek pingpongowych, poszewkę na poduszkę (albo sporą papierową torbę).

Włóż puszkę i piłeczki do poszewki. Siądź wraz z dzieckiem na podłodze. Wskaż poszewkę i spytaj: – Ciekawe, co jest w środku? – albo: – Zajrzyjmy do środka. – Dziecko będzie miało pełne ręce roboty. Wysypie zawartość poszewki lub powyciąga piłki po kolei, pobawi się nimi, włoży je do puszki, a potem wyjmie, odwróci puszkę dnem do góry i ukryje pod nią piłeczki. Niech samo też powymyśla nowe sposoby zabawy z piłkami i puszką!

121

Mój piękny balon

Przygotuj:
baloniki i sznurek.

Dzieci uwielbiają balony – są takie barwne, lekkie, zaczarowane. Cudownie unoszą się w powietrzu, fruwają, a dzieciom wydaje się, że i one tak potrafią. Zabawa z balonikami jest pierwszym krokiem na drodze do poznawania zasady: przyczyna – skutek; gdy dziecko się porusza, porusza się także trzymany przez niego na sznurku balonik. Pomachaj balonem, niech dziecko cię naśladuje. Przypomnij mu, że z balonikami trzeba się obchodzić ostrożnie. Dzieci lubią rzucać je w górę, patrzeć, jak opadają na ziemię, i kopać je w pokoju niczym piłkę. Czasem nawet siadają na nich i podskakują, a potem uczą się, czym to skutkuje! .

W takiej sytuacji bądź bardzo ostrożna! Zbierz starannie wszystkie kawałki gumy, inaczej dziecko mogłoby się nią zadławić.

Hocki-klocki

Przygotuj:
drewniane klocki, rozmaitej wielkości i kształtów.

Zacznij gromadzić klocki jak najwcześniej i zbierz ich jak najwięcej; bardzo przydają się w zabawach z dziećmi, nie tylko z tymi najmłodszymi. Klocki można ściskać w rączce, nosić, rzucać nimi, układać, przewracać, kopać, sortować według rodzajów. Dziecko będzie budowało z nich nieskomplikowane mosty, płoty, układało je w rozmaite wzory. Dzięki dziecięcej wyobraźni klocki przemieniają się w zwierzęta, samochody, meble, smaczne jedzenie, statki, pociągi, samoloty, mogą pełnić funkcje ścian, szos, szyn kolejowych, bywają rzekami, górami, wielkimi gmachami... Włóż klocki do skrzynki albo pudła, do którego sięgnie bez trudu, możesz je też trzymać na dolnych półkach. Obserwuj, jakie klocki wybiera maluch, i opisuj ich cechy – ten jest gładki, ten spiczasty, ten płaski, a tamten ma okrągłe rogi. Klocki nie tracą na wartości i nigdy nie wychodzą z mody.

123

Dobierz je w pary

Przygotuj:
duży i długi kawał papieru pakowego, kosz na bieliznę albo pudło, po dwie: podstawki pod szklanki, papierowe serwetki, rękawiczki, skarpetki, łyżki, dwa duże klipsy, parę bucików itp.

Zaznacz teren zabawy długim pasem papieru pakowego – niech ta przestrzeń będzie jak największa. Porozstawiaj wzdłuż papierowego szlaku po jednej rzeczy z każdej pary, a resztę włóż do pudła i umieść na starcie. Poproś dziecko, żeby wybrało coś z pudła, i zaproponuj: – Poszukajmy mu pary. Pójdę za tobą. (Możesz dać dziecku wózek dla lalek albo duże pudło, żeby tam wrzucało odnaleziony przedmiot). Kiedy maluch dobierze właściwą rzecz, ustawcie tę parę na mecie i wróćcie na początek szlaku po kolejny pojedynczy przedmiot. Za metą połóż wycięty z papieru duży kwadrat – tam ustawiajcie złączone pary.

Zakręcanie i otwieranie

Przygotuj:
kilka okrągłych plastikowych słoików z zakręcanymi pokrywkami (słoiczków po jedzeniu dla niemowląt możesz użyć, jeśli będziecie bawić się na dywanie).

Włóż do słoików małe laleczki, plastikowe zwierzątka, duże korale albo guziki. Lekko zakręć pokrywki. Usiądźcie na podłodze, powiedz: – Pomóż mi otworzyć te słoiki. Jak to zrobić? – Podobne pytania zachęcają dziecko do prób samodzielnego rozwiązania problemu. Siedź spokojnie obok malucha i daj mu czas do namysłu – to znaczy, nie rzucaj się do otwierania słoika, jeśli dziecko nie poradziło sobie z tym przez 30 sekund! Pochwal wysiłki malucha, nawet gdyby nie spełnił twoich oczekiwań.

125

Intrygująca skrzynka

Przygotuj:
dużą plastikową skrzynkę albo płaskie tekturowe pudło, kilka plastikowych lub metalowych miarek do proszku do prania czy kawy, lejek, sitko, łyżkę do lodów i – do wyboru – suszone ziarna drobnej fasoli, ryż, piasek, drobny makaron.

Napełnij skrzynkę fasolą lub ryżem, piaskiem albo makaronem. Usiądź z dzieckiem na podłodze lub przy niskim stoliku. Zanurzcie ręce w skrzynce; mów, jakie odczuwasz wrażenia, na przykład: – Fasola jest okrągła i gładka. – Przesypujcie ją miarkami, łyżką do lodów, mieszajcie na sitku, przepychajcie przez lejek; cały czas wymieniaj nazwy czynności, jakie wykonujecie. Dostarczysz maluchowi dodatkowej zabawy, jeśli zagrzebiesz w fasoli miniaturową zabawkę – będzie uszczęśliwiony, kiedy ją znajdzie. Dzięki dotykowi, podobnie jak dzięki innym zmysłom, dzieci zdobywają istotne informacje o świecie.

Zjeżdżalnia z tuby

Przygotuj:

tekturowe tuby w różnych rozmiarach – im dłuższe, tym lepiej, samochodziki albo piłeczki, długie wąskie pudełko (nie jest konieczne).

Ustaw tubę pionowo, jednym końcem oprzyj ją o kanapę, grubą poduszkę albo taboret, drugi koniec niech dotyka podłogi. Do tego tunelu-zjeżdżalni wrzucajcie od góry zabawki i patrzcie, jak wypadają z drugiej strony. Zwykle nawet po dłuższej zabawie dziecko wciąż na nowo popada w radosne podniecenie na widok wylatujących z tuby piłek czy samochodzików! Jeśli chcesz częściej bawić się z maluchem w zjeżdżalnię, w pudełku wytnij dziury i wkładaj w nie tuby pod różnymi kątami.

126

Skarpetkowe piłki

Przygotuj:
wiaderko albo kosz na bieliznę i skarpetki.

Zwiń skarpetki w kształt piłek, możesz je owinąć taśmą klejącą, żeby piłki nie rozleciały się w trakcie zabawy. Zacznijcie celować nimi do kosza, najpierw z bliska, a kiedy dziecko nabierze nieco wprawy – z większej odległości. Skarpetkowymi piłkami można bawić się na wiele różnych sposobów. Postaw na podłodze plastikowe zabawki i kopcie piłkę w ich kierunku albo starajcie się je przewrócić. Ćwiczcie łapanie piłek, rzucajcie je do siebie. Na pewno sami wymyślicie jeszcze dużo innych zabaw ze skarpetkowymi piłkami.

Wyrzutnia

Przygotuj:
książkę, kartonową rolkę (na przykład po dużych ręcznikach papierowych), gazetę, małe zabawki, pluszaki.

Wypchaj rolkę gazetami i połóż na podłodze. Pod nią, mniej więcej w połowie tuby, połóż książkę – powstanie coś w rodzaju wyrzutni. Kładźcie po kolei zabawki na dolnej części rolki. Kiedy energicznie przyciśniecie górną część wyrzutni, rozbawi was widok wylatujących w powietrze zabawek. Gdy już wszystkie misie i lalki odbędą lot, pozbierajcie je z podłogi i zacznijcie od początku.

Sztuka

Sztuka to działanie

Czy dziecko może tworzyć „dzieła”? Najpierw oczywiście będziecie tworzyć razem. Potem, gdy dziecko trochę podrośnie – nauczy się posługiwać flamastrem albo pędzlem, zdobędzie doświadczenie i przekona się, że nie wszystko można brać do buzi – zacznie samo dokonywać coraz to innych, nowych eksperymentów. Ty zaś powinnaś je wspierać, ułatwiać, zachęcać malucha do tworzenia, pomagać w poznawaniu nowych narzędzi – i sprzątać. Nie zapominaj, że w tym wypadku proces twórczy jest istotniejszy niż końcowe dzieło! Poświęć kilka minut i przypomnij sobie swoje własne dziecięce poczynania artystyczne. Jakich materiałów używałaś? Pamiętasz, co wtedy czułaś? Jaki rodzaj artystycznej ekspresji lubiłaś najbardziej? Kiedy będziesz obserwować, jak rozwija się w tej dziedzinie twoje dziecko, pozwól sobie na radość, a dziecku pozwól poznać znaczenie określenia: „wolność tworzenia”.

Dobre rady:

Znalazłem wspaniały sposób na uratowanie rysunków mojego synka. Po prostu przyklejam je na starym kalendarzu.

Ian P., Sedona

130

Układanka

Przygotuj:
rolkę papieru samoprzylepnego, obrazki z czasopism przedstawiające dzieci, zwierzęta, zabawki, krajobrazy itp., kawałki różnych materiałów – filcu, płótna, aksamitu, sztucznej skóry, denimu – nożyczki, taśmę klejącą.

Utnij duży kawał samoprzylepnego papieru i przymocuj go taśmą do podłogi albo do ściany na wysokości oczu dziecka. Strona klejąca papieru niech zostanie na zewnątrz. Wycięte z pism obrazki i kawałki materiałów przyklejajcie do samoprzylepnego papieru. Pozwól dziecku decydować, co macie nakleić; opisuj wskazane przez nie ilustracje, mów na przykład: – O, wybrałaś czerwoną piłkę.

Wesołe zgniotki

Przygotuj:
biały papier do pakowania, pudełko po płatkach śniadaniowych, gruby karton, papier.

W małym pojemniku wymieszaj łyżeczkę wody z dwiema łyżkami kleju. Potnij albo porwij papier na niewielkie kawałki i zgnieć je. Wylej lub rozsmaruj trochę kleju na kartonie i przyklej zgniecione kawałki papieru, dziecko niech cię naśladuje. Ostrzegamy, iż maluch może wpaść na pomysł, żeby porobić kałuże z płynnego kleju. Jeśli wolisz uniknąć takiego eksperymentu, użyj kleju w sztyfcie. Pamiętaj jednak, że dzieci uczą się, czego nie należy robić – robiąc to.

Palce, ręce, łokcie też

Przygotuj:
rozwodnioną farbę, plastikową tackę albo dużą kwadratową pokrywkę, kilka arkuszy grubego kartonu, miskę ciepłej wody z mydlinami, ręcznik.

Wylej na tackę trzy łyżeczki farby. Zamocz w farbie palec i zamieszaj nim. Opisz, jakich wrażeń dostarcza ci dotykanie farby. Zachęć dziecko, żeby poszło twoim śladem. Ciekawe, czy przypomnisz sobie tę chwilę z własnego dzieciństwa, kiedy pierwszy raz zanurzyłaś rączkę w farbie? Wskazującym palcem narysuj na papierze coś, co dziecko zdoła rozpoznać. Niech i ono coś narysuje. Dziecko może też malować na szybie okiennej, ma wtedy większą przestrzeń do wykorzystania; potem wystarczy tylko umyć okno. Zanurz całą rękę w farbie i przyciśnij ją potem do papieru. Spodoba wam się robienie odcisków palców, rąk, a nawet łokci. Po zabawie umyjcie się porządnie!

Dobre rady:
Pozwalam mojej córeczce mazać po tacy przymocowanej do jej wysokiego krzesełka. Jest bezpieczna, a tackę łatwo się myje. Mała szczególnie lubi malować kremem czekoladowym. Potem wkłada paluszki do buzi i zjada krem z zadowoleniem!

Anna S., Seattle

Roztańczona kreda

Przygotuj:
kredę, kolorową taśmę klejącą, duże arkusze papieru pakowego, płynny krochmal, mały pędzel.

Puść swoją ulubioną muzykę, niech dziecko w jej takt krąży kredą po papierze. Jeden koniec kredy owiń kolorową taśmą klejącą – maluch mniej ubrudzi sobie rączki. Przyklej papier na lodówce, niskim stole albo na podłodze. Powiedz synkowi lub córeczce: – Słuchaj muzyki. Niech nasza kreda zatańczy na papierze. – Z początku dziecko powinno rysować suchą kredą na suchym papierze, potem weź pędzel i pokryj arkusz cienką warstwą krochmalu. Można też kredę zanurzać w płynnym krochmalu (trzeba ją porządnie nasączyć). Im większej płachty papieru użyjesz w tej zabawie, tym lepiej – dziecko będzie mogło swobodnie wymachiwać ramionkami podczas rysowania. Przyda mu się taka gimnastyka.

Kolorowy papier ścierny

Przygotuj:
papier ścierny, pasma kolorowej wełny.

Potnij sznurki na kawałki dowolnej długości. Podnieś do góry płat papieru ściernego i kawałek sznurka. Zwróć uwagę dziecka na to, że nici przyczepiają się do szorstkiej powierzchni papieru. Razem poukładajcie sznurki w rozmaite wzory. Jeśli będziecie chcieli coś zmienić w swoich obrazkach, wystarczy nitki zdjąć z papieru. Po zabawie schowaj wszystko do jakiejś torebki (najlepiej zamykanej na suwak). „Kolorowy papier ścierny" to zabawa cicha i czysta, dziecko może, nikomu nie przeszkadzając, zająć się nią poza domem. Papier ścierny możesz zastąpić kawałkiem filcu.

Pudełko to tylko pudełko?

Przygotuj:
pudełko dowolnej wielkości (usuń metalowe zszywacze), rozwodnioną farbę, pędzel albo mały wałek malarski, gazety lub kawałek ceraty.

Pudełko to tylko pudełko – dopóki dziecko go nie pomaluje. Wtedy przemienia się ono w dzieło sztuki i najwspanialszą zabawkę świata! Nie zdziw się, kiedy okaże się, że ozdobione pudełko może być garażem, skrzynką pocztową, jaskinią, domem, dworcem kolejowym, zamkiem, łodzią i... tak, nawet kapeluszem. Na podłodze rozłóż gazety albo ceratę – w ten sposób wskażesz dziecku miejsce zabawy, a sobie ułatwisz sprzątanie. Jedną czwartą filiżanki farby wlej do plastikowego pojemniczka albo wylej na tackę. Postaw pudełko na gazetach i obok umieść pojemnik z farbą. Przyjrzyj się, jak dziecko bawi się pędzlem, zanim zanurzysz go w farbie. Jeśli chcesz malować razem z córeczką albo synkiem, przygotuj dwa pędzle. Przytrzymuj pojemnik, żeby się nie przewrócił, kiedy dziecko w szale twórczym będzie na oślep moczyło pędzel. Pamiętaj, że przy tej zabawie narobicie bałaganu, więc ubierz się odpowiednio.

Gryzmoły

Przygotuj:
duży arkusz papieru (wypróbuj różne rodzaje), pozbawione toksycznych składników kolorowe flamastry, kredki świecowe.

Kiedy dziecko rysuje albo po prostu bazgrze, powołuje do istnienia kształty, których wcześniej nigdy nie było. To taka radość dla malucha – wyrażać w ten sposób swoje myśli i uczucia (nie wspominamy już nawet o rozkoszy doznawanej przy ściskaniu pisaków!). Przykryj gazetami kawałek podłogi albo niski stół i połóż na nich papier; możesz także przykleić arkusz do drzwi lodówki, na wysokości oczu dziecka. Obok połóż flamastry i kredki, powiedz dziecku, że służą one do rysowania. Usiądźcie i twórzcie razem. Z każdej takiej sesji chowaj po kilka rysunków i rób z nich albumy, które będziesz wręczać dziecku na urodziny. Albumy pomogą ci zrozumieć proces rozwoju twojego synka albo córeczki.

Dobre rady:
Ślady po kredce świecowej na tapecie usuwa się następująco: najpierw trzeba ogrzać ślady suszarką do włosów, a potem zmyć je namydloną szmatką.

Jared Sellers, Foster City

Ruchome arcydziełko

Przygotuj:
rozwodnioną farbę, tackę po mięsie albo jarzynach, duże arkusze papieru – resztki tapety, papier pakowy – stare gazety, ciężką piłkę (na przykład tenisową).

Wybierz miejsce, które łatwo wyczyścić, na przykład kuchnię, jeśli wyłożona jest płytkami. Rozłóż gazety, na nich papier (tapetę wzorem do dołu). Włóż piłkę do naczynia z farbą, pokręć nią, żeby dokładnie pokryła się barwną powłoką. Powiedz maluchowi: – Poturlaj piłkę. Poturlaj ją po papierze. – Twoje głodne przeżyć dziecko może zechcieć rzucać tą mokrą od farby piłką, więc lepiej miej się na baczności. Równie dobrze będziecie się bawić, jeśli w farbie zanurzycie plastikowe albo drewniane koła od samochodziku-zabawki i potoczycie je po papierze.

Kształty

Przygotuj:
płaską gąbkę, farby wodne, papier, trzy płaskie puszki albo tacki (na farbę).

Potnij gąbkę na kwadraty różnej wielkości. Wlej farby w różnych kolorach do trzech pojemników i do każdego włóż kawałek gąbki. Pomóż dziecku przytrzymać je tak, żeby porządnie nasiąkły farbą. Potem przyciskajcie je do papieru. Twórzcie wszystkie wzory, jakie tylko przyjdą wam do głowy. Kiedy papier wyschnie, wytnij z niego kwadrat, weź go do ręki i obejdź z dzieckiem dom. Trzymaj papier wysoko, a dziecko niech wskazuje przedmioty o takim samym kształcie.

Kartoflane pieczątki

Przygotuj:

ziemniaka, farby, nóż, papier, gąbkę, pędzel.

Przekrój kartofel na pół. Nożem wytnij jakiś wzór na jednej połówce. Weź pędzel, zanurz go w farbie i rozsmaruj ją na gąbce; dziecko nie będzie musiało zanurzać ziemniaka w misce z farbą, tylko przyciśnie go do gąbki – dzięki temu nie popryska ani siebie, ani ciebie. Przyciśnijcie pokryty farbą kartofel do papieru. Jeśli chcecie zrobić pieczątki w innym kolorze, umyjcie ziemniaka i pokryjcie go innym kolorem. Bawcie się dobrze!

Dobre rady:

To wspaniałe, że w domu jest tyle przedmiotów, które mogą posłużyć jako pieczątki. Moja wnuczka używa szczotki do zębów, korków, trzepaczki, foremek do ciasta i tekturowych tubek po papierze toaletowym.

Sara Shiffman, Playa Del Rey

Naoliwiona folia

Przygotuj:
oliwkę dla dzieci, cienką folię albo pergamin, małe kolorowe chusteczki higieniczne albo barwne serwetki papierowe.

Potnij lub podrzyj chusteczki na małe kawałki. Podziel na małe kawałki trochę folii lub pergaminu. Wylej na folię jedną, dwie krople oliwki i rozsmaruj. Połóż na niej kawałki chusteczek. Papier przylgnie do naoliwionej folii, ale łatwo go będzie oderwać. Układaj z kolorowych chusteczek w kontrastowych kolorach barwną mozaikę, kolaż. Ta zabawa porusza zmysły dziecka. No i dzieło ładnie pachnie.

W poszukiwaniu kolorów

Przygotuj:
biały papier, kredki świecowe, papierową torbę.

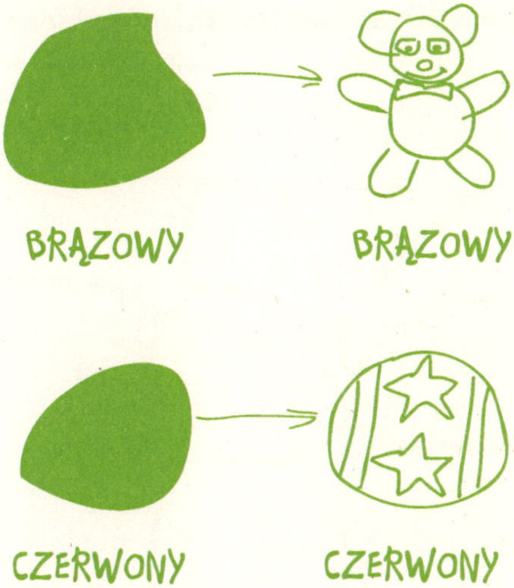

Kredką świecową narysuj na papierze kółko i zamaluj je w środku. Powiedz dziecku, co to za kolor, a potem przejdźcie się po domu w poszukiwaniu przedmiotów tej samej barwy. Wkładaj je do papierowej torby; jeśli się w niej nie mieszczą, tylko zwróć na nie uwagę dziecka. Wróćcie do dziecinnego pokoju, usiądźcie. Wyciągaj z torby po kolei zebrane rzeczy; kiedy dziecko będzie się nimi bawiło, opowiadaj mu o kolorach. Możesz przez tydzień zajmować się jedną barwą, wtedy dziecko zacznie bez trudu ją rozpoznawać, ale możesz też w ciągu jednego dnia pokazać mu trzy różne kolory – dla urozmaicenia zabawy.

Witraż

Przygotuj:
celofan w kilku kolorach, nożyczki, taśmę klejącą.

Potnij celofan na kawałki pięcio-, sześciocentymetrowe. Przyklejaj je do szyby okiennej; niech dziecko ci pomaga. Pokryj całe okno kolorową warstwą. Będziecie zachwyceni, kiedy przez witraż wpadnie do pokoju barwne światło.

Kleksy

Przygotuj:
dwie, trzy buteleczki do perfum (ze sprayem), rozwodnioną farbę w kilku kolorach, papier.

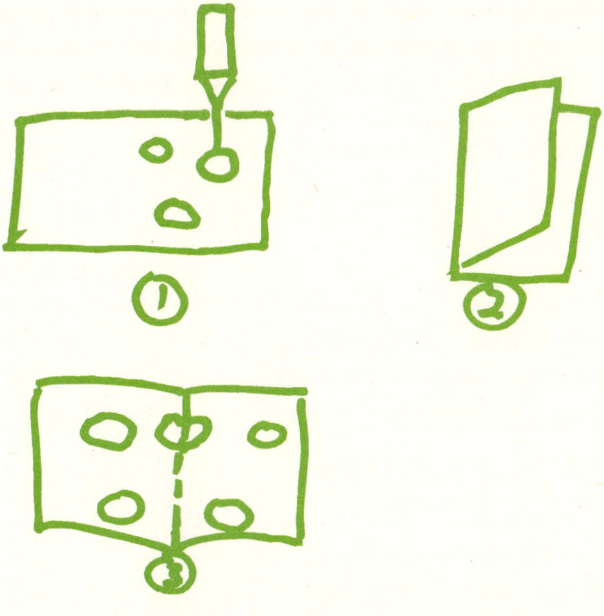

Do każdej buteleczki wlej farbę w innym kolorze. Dziecko niech psika nimi na papier. Kiedy już porobi sporo małych, barwnych kałuż, złóż papier na pół i delikatnie pocieraj, tak żeby plamy się odbiły. Można także na papier z kleksami położyć czysty arkusz i na nim odbić kleksy.

Akwarela

Przygotuj:
farby wodne, papier, pędzelek, kredki świecowe.

Farby wodne znakomicie nadają się do zabaw z dzieckiem – łatwo je usunąć z ubrania, podłogi czy stołu. Postaw obok dziecka miskę z wodą i pokaż, jak zanurzać pędzel najpierw w wodzie, a potem w farbie. Ty też możesz wziąć arkusz papieru i zaprojektować na przykład rodzinną papeterię. Zabawa będzie jeszcze lepsza, jeśli narysujecie coś na kartce kredkami świecowymi, a dopiero potem zaczniecie malować – świecowy wzór przebije się spod warstwy farby.

Sztuka pieczątkowania

Przygotuj:
rozmaite pieczątki, poduszeczkę z nietoksycznym tuszem, papier.

Dzieci uwielbiają przybijać pieczątki, tworzyć nimi wymyślone przez siebie wzory. Połóż papier na stole i niech dziecko przyciska pieczątki do poduszeczki z tuszem, a potem odbija je na arkuszu. Kilka pierwszych pieczątek postaw sama, a potem pozwól bawić się córeczce lub synkowi.

Natura

Spotkania ze zwierzętami

Nawet najmłodsze dzieciaki uwielbiają obserwować zwierzęta. W zwierzętach jest coś takiego – może sierść, może odgłosy, jakie wydają, albo ich ruchy – że maluchy wręcz popadają w trans. Jeśli nie masz w domu żadnych zwierzaków, zabierz dziecko do zoo albo pojedź z nim na wieś. W niektórych ogrodach (na przykład w warszawskim, wrocławskim i krakowskim) są wydzielone specjalne miejsca, gdzie dzieci mogą karmić owce, koziołki, konie, króliki. Zanim pójdziecie do zoo, obejrzyjcie obrazki ze zwierzętami albo jakiś film. Kiedy już znajdziecie się w ogrodzie zoologicznym lub na wsi, nie śpieszcie się. Usiądźcie i poobserwujcie swoje ulubione zwierzę. To najlepszy sposób, żeby poznać zwyczaje takiego zwierzaka.

147

Niezwykłe drzewo

Przygotuj:
sadzonkę drzewa i łopatkę.

Posadź drzewko na swoim podwórzu, w pobliskim parku albo koło najbliższej szkoły. Zrób to z pomocą twojego synka albo córeczki w dniu urodzin dziecka (lub w innym ważnym dniu). Odwiedzajcie je często, podlewajcie, dbajcie o nie. Powiedz maluchowi, że to drzewko należy do niego; nadajcie mu imię, obserwujcie razem, jak rozrasta się i zmienia. Możesz także od czasu do czasu mierzyć wzrost dziecka i wysokość drzewa. Przede wszystkim jednak – bawcie się przy waszym niezwykłym drzewie, tańczcie, śpiewajcie i śmiejcie się jak najwięcej.

Dobre rady:
Wspaniałym prezentem dla świeżo upieczonych rodziców i dziadków jest sadzonka drzewka. Rosnące drzewo będzie im wciąż przypominać o tym wspaniałym dniu, kiedy w rodzinie pojawiło się dziecko.

Shirley Crescini, Lockford

Bezkresne niebo

Przygotuj:
koc i wózek spacerowy.

Rozciągnij na ziemi koc i połóż się na nim na wznak razem z dzieckiem. Patrzcie w niebo, obserwujcie, jaką ma barwę, przyglądajcie się chmurom. Potem przesuń koc pod drzewo, poobserwujcie teraz niebo przez liście i gałęzie. Błądźcie oczami po bezkresnym błękicie. Opowiadaj dziecku bajki o przepływających nad wami chmurach, wymyślaj piosenki o ptakach, o motylach. Odpręż się i razem rozkoszujcie się poczuciem błogiego spokoju.

Dobre rady:
Rozpuść pół filiżanki sody w wannie pełnej wody. Taka kąpiel łagodzi podrażnienia po ugryzieniach owadów, bąble po pokrzywach, swędzące wysypki.

Rebecca D., Boulder

Poczuć wiatr

Dostarczaj dziecku nowych wrażeń – często wychodź z nim na dwór. Pamiętaj, że otaczający nas świat, który dorosłym wydaje się zwyczajny, maluch odbiera jako frapujący i niezwykły. Kiedy jest gorąco, skupcie się na uczuciu, które wywołuje ciepło słońca na skórze. Gdy trochę pada, wyjdźcie i wystawcie twarze pod drobne krople deszczu. W zimie wyciągnijcie końce języków i smakujcie płatki śniegu. Pozwólcie wiatrowi pobawić się waszymi włosami, popatrzcie, jak zrywa liście z drzew. Każda pora roku dostarcza dziecku niezliczonych atrakcji. Wąchajcie kwiaty, chodźcie boso po trawie, skaczcie po stosach jesiennych liści. Miłość do natury można dziecku zaszczepić bardzo wcześnie. A ponieważ stosunku do świata będzie się uczyło od ciebie, więc ciesz się naszym wspaniałym światem!

149

Obserwowanie ptaków

Przygotuj:

szyszkę, masło orzechowe, karmę dla ptaków.

Przyszykuj ptakom pyszne danie: obtocz szyszkę najpierw w maśle orzechowym, a potem w karmie. Powieś przysmak na sznurku po zewnętrznej stronie okna. Obserwuj razem z dzieckiem ptaki przylatujące do smakowitej szyszki. Wyszukaj w internecie informacji o ptakach o ptakach i spróbuj zidentyfikować waszych gości. Opowiadaj dziecku o ptasim życiu.

151

Co tak pachnie?

Przygotuj:

przyprawy, pachnącą żywność – salami, truskawki, jogurt – wody toaletowe, perfumy, mydła, kwiaty, trochę trawy.

Wyruszcie na wędrówkę po domu, żeby poszukać nowych dla dziecka woni. Kiedy dziecko wyczuje zapach – a maluchy mają znakomity węch – mów mu, co tak pachnie. Jeśli jest dostatecznie duże, podczas wizyty w kuchni pozwól mu popróbować truskawek, jogurtu. Zaglądajcie po kolei do każdego domowego pomieszczenia w poszukiwaniu innych woni. Potem wyjdźcie na dwór, wąchajcie kwiaty, trawę, ziemię.

Zasadźmy ziarnko

Przygotuj:
ziarno fasoli, plastikowy kubek, ziemię.

Zasadź fasolę w jednorazowym kubku i pomagaj dziecku ją podlewać. Dzieci uwielbiają przyglądać się, jak rozwijają się rośliny! Nawet dziecko, które jeszcze nie mówi, wiele pojmuje, zapewnij je więc, że doniczka z kiełkiem należy tylko do niego – i uświadom to reszcie rodziny.

Muzeum przyrody

Przygotuj:
małe, płaskie pudełka, kilka kawałków bawełny, duży arkusz tektury (powinny zmieścić się na nim wszystkie pudełka).

Przyklej pudełka do tektury, każde z nich wyłóż materiałem. Razem z dzieckiem zastanówcie się, co chcecie wystawić w tych gablotkach; mogą to być kamienie, muszle, liście, kora, ptasie pióra. Potem idźcie na spacer, żeby zgromadzić zbiory do waszego muzeum. Oczywiście, nie znajdziecie wszystkiego za jednym razem, potrzeba trochę czasu na skompletowanie kolekcji. Znaleziska wystawcie tak, żeby mogła je oglądać cała rodzina. Dziecko będzie uszczęśliwione i dumne, że przygotowało wspaniałą ekspozycję!

Tort piaskowy

Przygotuj:
piasek albo ziemię, liście, trawę, gałązki, kwiatki.

Uklep z piasku lub ziemi pagórek z płaskim wierzchołkiem. Teraz tort trzeba udekorować: przyrodnicze eksponaty swojego dziecka powtykaj w piasek, niech córeczka albo synek kieruje twoją pracą i wybiera miejsca, które chce ozdobić. Powstanie wspaniałe dzieło. Udawajcie, że jecie podwieczorek – tort piaskowy z herbatą – a ty cały czas zachwycaj się dokonaniem dziecka!

Waza z cudami natury

Z dzisiejszego spaceru przynieźcie trochę kwiatków, kamyków, gałązek, piór, kawałków kory. W domu włóż to wszystko do szklanej misy albo przezroczystego pojemnika i postaw pośrodku stołu, przy którym jecie posiłki. Podczas kolacji zwróć uwagę całej rodziny na frapującą zawartość misy, opowiedz o waszych poszukiwaniach. Nawet roczny maluch będzie świadom tego, że przyłożył się do dzieła, i poczuje słuszną dumę!

155

Co się dzieje z księżycem?

156

Przygotuj:

czarny brystol, białą kredę albo farby.

Przez miesiąc co tydzień wychodź z dzieckiem na dwór, kiedy księżyc jest już na niebie. Pomóż córeczce albo synkowi narysować albo namalować księżyc. Zwróć uwagę na to, że jego kształt się zmienia. Wspólne patrzenie na wieczorne niebo sprawi, że ogarnie was cudowny spokój, więc oboje chłońcie te chwile. Małe dzieci często pytają, dlaczego księżyc podąża za wami. Spróbuj wymyślić ciekawą odpowiedź!

157

Zasadzka na żyjątka

Przygotuj:
duży pojemnik po jogurcie, kawałek sera, cztery okrągłe spore kamyki, dwudziestocentymetrowy kwadrat grubego kartonu albo tektury, szkło powiększające (niekoniecznie).

Wykop w ziemi dziurę, w której zmieści się pojemnik po jogurcie. Wrzuć do środka ser. W czterech miejscach dookoła wylotu pojemnika połóż cztery kamyki, oprzyj na nich tekturę – nie powinna dotykać krawędzi kubka po jogurcie. Kiedy mrówki i inne żyjątka poczują ser, wpełzną do pojemnika, a potem nie będą umiały się stamtąd wydostać. Zaglądajcie codziennie do pułapki, żeby poobserwować żyjątka, a potem wypuśćcie je na wolność. Jeśli nie chcesz szykować pułapki, weź kostkę cukru, szkło powiększające i wyjdź z dzieckiem na dwór. Połóż na ziemi cukier – już po chwili wokół zaroi się od mrówek. Możecie je oglądać przez szkło powiększające.

Desenie z drzew i liści

Przygotuj:
taśmę klejącą, papier i kredki świecowe.

Wyjdź z dzieckiem na dwór, przyklej papier do pnia jakiegoś drzewa i delikatnie zacznij mazać po nim świecówką – bokiem, a nie czubkiem, zatemperowanej końcówki. Wypróbujcie różne kolory kredek, potem przenieście się pod kolejne drzewo i sprawdźcie, czy powstanie inny wzór. Wyszukajcie ładne liście. Połóżcie je płasko na ziemi, na nich papier i mażcie po nim tak samo, jak to robiliście z pniem drzewa. Usiądźcie, obejrzyjcie starannie i porównajcie desenie, jakie wam wyszły.

Jajogłowi

Przygotuj:
nasiona rzeżuchy, kawałki ligniny, całe skorupki po jajach, pojemnik na jajka, flamastry.

Ostrożnie przepołów skorupki, na każdej namaluj oczy, nos, usta i umieść je w zagłębieniach pojemnika na jajka. Zmocz kawałki ligniny i powkładaj do skorupek, na ligninie rozsyp nasiona. Niech pojemnik postoi spokojnie przez kilka dni na parapecie – lignina musi być cały czas wilgotna. Już wkrótce jajogłowym urosną gęste czupryny!

160

Gwiazda dobrych życzeń

Przygotuj:
książkę o gwiazdach i samoprzylepne fosforyzujące gwiazdki.

Dzieci są zafascynowane gwiazdami. Poczytaj maluchowi o gwiazdach i naucz go piosenki:

Mrugaj, mrugaj,
Gwiazdko mała,
Bo wokoło ciemno.
Ja też gwiazdką bym być chciała,
Ale nadaremno.

Nad kołyską albo łóżeczkiem przyklej fosforyzujące gwiazdki. Któregoś wieczoru wyjdź z dzieckiem na dwór i opowiedz mu o gwiazdach, o tym, jak dzięki nim wędrowcy docierali do celu. Wybierzcie sobie jedną z gwiazd i często proście ją o spełnienie życzeń.

Wschód słońca

Podejmij heroiczną decyzję, że raz wstaniesz przed świtem (jeśli oczywiście nie zrywasz się co dzień o tej porze!). Wyjdź z dzieckiem na dwór, przespacerujcie się przy wschodzącym słońcu, a potem zrób uroczyste śniadanie. To wspaniała pora dnia, jest świeżo i spokojnie. Znajdź jakieś wierszyki albo bajki o słońcu i przeczytaj je dziecku. Pamiętaj, że im lepiej dzięki tobie dziecko pozna naturę, tym bardziej będzie ją cenić.

Przyrodnicze zgadywanki

Przygotuj:
dużą torbę papierową i apaszkę do zawiązania oczu.

Pójdźcie na spacer i pozbierajcie ptasie pióra, liście, źdźbła trawy, kamyki, korę, kwiatki, grudki ziemi. Wszystko wkładajcie do torby. Kiedy uzbieracie już przynajmniej dziesięć różnych skarbów natury, usiądźcie i pobawcie się w zgadywankę. Jeśli dziecko chce, przewiąż mu oczy opaską, jeśli nie, może po prostu przymknąć powieki. Niech teraz na ślepo zanurza rączkę w torbie i wyciąga po kolei wasze znaleziska. Opisuj je. Jeżeli dziecko już mówi, może zgadywać, co trzyma w dłoni. Po jakimś czasie ty zawiąż na oczach opaskę i kolejno wyciągając z torby skarb po skarbie, zgaduj, co to jest.

Zabawy w teatr

Pan Księżyc

Przygotuj:
dwa talerze jednorazowe, flamastry, rurki do napojów albo patyki po lodach, taśmę klejącą.

Na każdym talerzu naszkicuj oczy, nos, usta, brwi, policzki. Jedna twarz może być wesoła, a druga smutna. Do spodu talerzy przyklej taśmą rurkę albo patyk. Kiedy będziesz delikatnie poruszać kukiełkami, zaśpiewaj piosenkę:

Księżyc wstał za wcześnie.
Słońce jeszcze świeci.
Sio, panie Księżycu!
Chcą się bawić dzieci!

Wracaj do łóżeczka,
Pośpij jeszcze błogo.
Otul się kocykiem.
Tylko nie chrap srogo!

Mniej więcej po trzech tygodniach od narodzin dziecko zaczyna odróżniać barwy. Niemowlęta przeważnie wolą kolory ciepłe, takie jak żółty, pomarańczowy, czerwony, niż zimne – niebieski czy zielony. Po skończeniu ósmego tygodnia maluchy starają się skupiać spojrzenie na jednym obiekcie, ale widzą obrazy rozmazane. Kiedy miną cztery miesiące, dziecko zaczyna widzieć wyraźnie i – tak, naprawdę wie już, jak wyglądasz!

Konna przejażdżka

Przygotuj:
kilka dzwoneczków, wstążkę albo pas gumy.

Przymocuj dzwoneczki do wstążki lub gumy. Usiądź wygodnie, z dzieckiem na kolanach, w fotelu, najlepiej bujanym. Kołysz je delikatnie i podzwaniając dzwoneczkami, recytuj wierszyk:

Wesoły, szczęśliwy
Krakowiaczek ci ja! (wskaż dziecko)
A mój konik siwy raśno się uwija; (przebieraj szybciej kolanami)
Uwijaj się, raśno bież,
*Kopytami ognia krzesz!** (dzwoneczki dzwonią jak najgłośniej).

Starsze dzieci uwielbiają przy tej zabawie podskakiwać na kolanach mamy jak na grzbiecie konia.

* Autorem jest Edmund Wasilewski.

Pajączek

Kołysz dziecko w ramionach albo połóż się obok niego na podłodze. Wyciągnij w górę ramiona i poruszaj nimi, jakbyś tkała. Powiedz wierszyk:

Pająk jestem, pająk,
Snuję sobie nici,
Puszczam je w powietrze (zrób odpowiedni gest),
*Każda gdzieś się schwyci** (łapcie z dzieckiem wyimaginowaną pajęczynę).

* Autorem jest Władysław Syrokomla.

166

Gadu-gadu

Przygotuj:
telefon-zabawkę albo prawdziwy telefon (wyłączony).

Udawaj, że rozmawiasz przez telefon z kimś dziecku bliskim, na przykład z dziadkiem lub babcią; opowiadaj, co dziś robiliście. Potem daj słuchawkę maluchowi, mówiąc: – Babcia chce z tobą porozmawiać.– Przysłuchuj się, jak dziecko zagaduje do słuchawki. Czy intonacja, melodia wydawanych przez niego dźwięków z kimś ci się kojarzy?

Dobre rady:
Moja mama, mieszkająca daleko od nas, co tydzień przysyłała mojej córeczce stronę z książeczki do kolorowania. Mała zamalowywała puste kontury i odsyłałyśmy kartkę. Trwało to, dopóki córka nie poszła do zerówki; dzięki temu zwyczajowi pomiędzy babcią a wnuczką narodziła się szczególnie bliska więź.

Brooke M., Tucson

Morskie przygody

Przygotuj:
kosz na bieliznę albo pudło tak duże, żeby można było w nim usiąść, skakankę, tekturową tubę po ręcznikach jednorazowych (będzie pełnić funkcje megafonu i lunety), kocyk.

Wyruszcie z dzieckiem na pełne morze. Wiosłujcie rękami. Opowiadaj, jakie stworzenia żyją w wodzie. Udawajcie, że pływacie (na podłodze) – przebierajcie kończynami, turlajcie się. Potem weźcie lunetę i rozejrzyjcie się za stałym lądem. Kiedy go znajdziecie, skakanką przywiążcie łódź do brzegu. Skakanka przyda się również, kiedy skręcając się i miotając, będziecie się wzajem ratować z morskiej topieli. Przydałyby się w tej zabawie jeszcze inne rekwizyty, na przykład powycinane z kartonu i pomalowane na kolorowo ryby, wiosłem może być mała szczotka do podłogi albo plastikowy kijek.

Podśpiewujcie przy zabawie piosenkę:

Takie piękne, piękne morze,
Każdy płynąć przez nie może.
Ale czasem gniewne morze,
Łódka się wywrócić może!

Pod parasolem

Przygotuj:
folię aluminiową, parasol, obręcz do hula-hoop albo ręcznik.

Żeby pośpiewać z dzieckiem w deszczu, nie musisz czekać na prawdziwą ulewę. Udawajcie, że rozpętała się burza; wydobądź z folii grośne dźwięki, wyjcie jak wiatr. Spacerujcie po pokoju pod parasolem (będziesz musiała kucnąć, jeśli dziecko zechce trzymać parasolkę), potem usiądźcie i zaśpiewajcie:

Nie lej, deszczu, nie lej,
Bo cię tu nie trzeba.
Obejdź lasy, góry,
Obejdź lasy, góry,
Zawróć się do nieba.*

Wysuńcie ręce spod parasola, żeby sprawdzić, czy jeszcze pada. Przestało! Czas na taniec w kałużach! Powiedz: – Skaczę do kałuży! Skacz za mną. – Rolę kałuży odgrywa ręcznik albo obręcz do hula-hoop. A oto absurdalny, rytmiczny wierszyk, który można zilustrować komicznymi gestami:

Na ulicy Księdza Siemca
Jeden pan dostał tasiemca.
A że był to facet byczy,
Więc prowadzał go na smyczy.

* Piosenka ludowa

Raz dokoła!

Przygotuj:
świeczkę tortową albo inną, niedużą, plastelinę w kubku po margarynie (w nią wetkniesz świeczkę).

Kiedy dziecko umie już utrzymać się na nóżkach, czas na taniec wokół ognia. Zacznij sama, potem zachęć dziecko, żeby krążyło wokół świeczki (pomóż, jeśli trzeba). Wymyślajcie różne sposoby poruszania się, na przykład stawiajcie wielkie kroki albo okrążajcie świeczkę na czworakach.

Jasio kręci się jak fryga!
Płomyk świeczki w oczach miga.
Dalej, kręćmy się i my,
Jasio może, możesz ty!

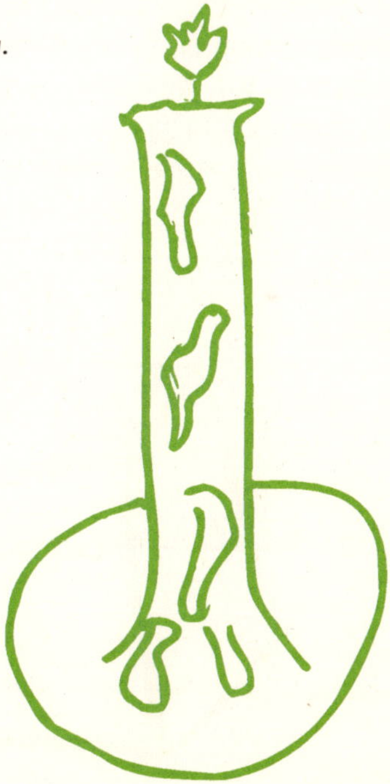

W poszukiwaniu misia

170

Przygotuj:
czyste pudło, duże na tyle, żeby dziecko mogło się w nim swobodnie poruszać, ulubioną zabawkę dziecka, kocyk albo duży ręcznik, latarkę.

Połóż pudło na jednej ze ścianek, włóż do środka zabawkę, na przykład misia, i zakryj otwór kocem albo ręcznikiem. Zaproponuj: – Może poszukamy misia? Nigdzie go nie widzę. Gdzie on się podział? – Zachęć dziecko, żeby wzięło latarkę i ruszyło przodem. W trakcie poszukiwań opowiadaj, co robicie, używaj słów takich, jak: „wokoło", „w środku", „na zewnątrz", „pod", „na", „obok", „przy", „za". Oczywiście, polowanie to tylko zabawa – oboje przecież wiecie, gdzie jest miś. Potem pudło może przemienić się w jaskinię, wielki gmach, zamek albo samolot. Jeśli jest wystarczająco duże, zachęć dziecko, żeby do niego wpełzło, zakryj otwór ręcznikiem, z boku wetknij głowę i rękę z latarką – możecie teraz pobawić się w rzucanie cieni na ścianki pudła.

Wędrujący dywan

171

Przygotuj:
prześcieradło, kołdrę, koc albo duży ręcznik plażowy, wybrane przez dziecko zabawki.

Zabierz dziecko na przejażdżkę czarodziejskim dywanem. Połóż je lub posadź na kocu, wypowiedz zaklęcie i w drogę. Powiedz dziecku: – Pomachaj przyjaciołom. – Kiedy się zmęczysz, niech dziecko weźmie na przejażdżkę ulubione zabawki. Jeżeli okaże się, że koc jest za duży i maluch nie może go swobodnie ciągnąć za sobą, znajdź coś mniejszego. Niektóre dzieci kładą na czarodziejski dywan tyle zabawek, ile tylko się zmieści, a potem jeszcze same się dosiadają i proszą o przejażdżkę!

Dobre rady:
Kiedyś do przewijania był mi potrzebny mały dywanik, więc kupiłam resztkę wykładziny, 3 x 3 metry. Później farbą w sprayu namalowałam na nim duże litery i cyfry. Wymyśliliśmy z synkiem wiele gier, w które bawimy się na tym dywaniku, mały na przykład z ochotą biegnie, żeby wskazać jakąś cyfrę albo literę, którą wymieniłam.

Elaine B., Bellevue

Zabawa w ciężką pracę

Kiedy dziecko już chodzi, najbardziej, poza wędrówkami, lubi coś nosić, czymś rzucać. Przygotuj puste, zaklejone pudełka po żywności, papier pakowy, torebki foliowe i urządź dziecku sklep spożywczy. W tej zabawie przydadzą się także małe puszki, papierowe torby wypchane gazetami i zaklejone taśmą, koszyczki, pudełka śniadaniowe, twoje stare torebki.

Górski niedźwiedź

Przygotuj duży stos z poduszek i kanapowych poduszeczek – to będzie góra. Przed zabawą pokaż dziecku niedźwiedzie na obrazkach, poczytaj mu książki o nich, idźcie do zoo albo obejrzyjcie jakiś film o misiach.

Ty i dziecko jesteście niedźwiedziami, które wybrały się na jagody. Recytujcie albo śpiewajcie ten prosty wierszyk podczas wspinania się na górę poduszek:

Oto niedźwiedź wszedł na górę,
Wszedł na górę, wszedł na górę,
By zobaczyć, co stąd widać,
Co stąd widać, co stąd widać.
Ale widać tylko górę,
Tylko górę, tylko górę,
Z drugiej strony, z drugiej strony –
Oto, co widać stąd!

Spróbuj także imitować ruchy i dźwięki wydawane przez inne zwierzęta, które dziecko widziało. Spytaj: – Jakim zwierzątkiem chciałbyś być? – poczekaj chwilę i zaproponuj dziecku zabawę w jakieś zwierzę, o którym twój synek albo córeczka już sporo wie.

Chcę być...

Oto kilka pomysłów na udramatyzowane zabawy z dzieckiem. Wybierzcie jakąś postać i niech dziecko ją udaje. Może to być:

- mama
- tata
- inne dziecko
- zwierzę
- listonosz
- sprzedawca w kiosku
- policjant
- kucharz
- strażak
- sprzedawca w sklepie spożywczym
- murarz
- piosenkarz
- muzyk rockowy
- rolnik
- urzędnik
- kierowca ciężarówki
- ekspedient
- nauczyciel
- fryzjer
- kierowca autobusu
- maszynista
- pilot
- treser
- kosmonauta
- lekarz
- weterynarz
- pielęgniarka
- tancerz
- dyrygent
- cyrkowiec

Jeden albo dwa proste rekwizyty pomogą dziecku wcielić się w wybraną postać. Jeśli, na przykład, dziecko chce się bawić w listonosza, pudełko po butach można przemienić w skrzynkę pocztową, a stare listy – w świeżą pocztę. Torbę listonosza wyczaruj z papierowej albo płóciennej czy plastikowej torby na zakupy (obetnij kawałek u góry i zrób z tego pas na ramię). W tego rodzaju zabawach przydadzą się najrozmaitsze zabawki, bezpieczne domowe przyrządy, niektóre rzeczy z apteczki, naczynia. Kask rowerowy może stać się zarówno hełmem astronauty, jak i kaskiem murarza. Linijka, plastikowy kijek, wetknięte między poduszki na kanapie, przemienią się w rączkę zmiany biegów w ciężarówce. Używaj wyobraźni – i niczego nie wyrzucaj do śmieci.

Ola i Pawełek

Przygotuj:
niski stołek, małe wiaderko, kawałki gazety albo folii aluminiowej (będą imitować szelest wiatru).

Ola i Pawełek
Nieśli wody kubełek.
Wdrapali się na wzgórek,
Bo ich stamtąd wołał Jurek.
Ale tam wietrzysko było
I Pawełka przewróciło.
Cała woda się wylała.
Oj, będzie mama krzyczała!
Ola i Pawełek
Wzięli pusty kubełek,
Wody w rzeczce nabrali
I do domu pojechali.

Niech stołeczek będzie wzgórzem. Trzymaj dziecko za rączkę, kiedy będzie na nie wchodzić i schodzić z niego. Potem ostrożnie przewróćcie się na podłogę i poturlajcie. Znów zaśpiewajcie piosenkę, włażąc na „wzgórze", schodząc z niego, krążąc z wiaderkiem.
A oto zabawna stara piosenka ludowa, którą także można odgrywać:

Moje kaczę prędko skacze,
Moje gęsię nogą trzęsie,
Moja kura złotopióra
Kurczęta wodziła,
Po sadzie chodziła,
Chodziła, chodziła.

Pudło-garderoba

Poszukaj w domowych szafach rzeczy, których na pewno już nikt na siebie nie włoży; mogą to być kapelusze, czapki, rękawiczki, kapcie, buty, paski, sukienki, spódnice i spodnie. Powiedz znajomym, że szukasz starych ubrań do zabawy z dzieckiem, możesz też zajrzeć do sklepów z używaną odzieżą, na wyprzedaże. Duże pudło pomaluj na kolorowo. Włóż stare ubrania do tej barwnej garderoby i często baw się z dzieckiem w przebieranki. Najlepiej przebierajcie się przed lustrem.

Opowieści

Światło księżyca

Któregoś wieczoru, kiedy niebo będzie czyste, księżyc w pełni, weź dziecko w objęcia i rozkoszujcie się srebrnym światłem. Blask i kształt księżyca przyciągają wzrok dzieci z niemal hipnotyczną siłą. Wyjaw dziecku, co czujesz, kiedy razem patrzycie na księżyc. Warto też o tym cudzie natury opowiedzieć historyjkę. Wymyśl jakąś; może pomogą ci propozycje pierwszych zdań bajki:

Księżyc to ogromna srebrna piłka...
Popatrz, jaką księżyc ma twarz...
Księżyc jest tak daleko, daleko stąd...
Księżyc zna wiele tajemnic...
Kiedyś polecimy na księżyc...

Coś ci opowiem

Każdy z nas jest w stanie opowiedzieć przeróżne, pochodzące z rozmaitych źródeł historie. Niektóre się nam przyśniły, inne zdarzyły naprawdę, jeszcze inne usłyszeliśmy od kogoś albo gdzieś przeczytaliśmy. Bywają i takie, które po prostu wymyśliliśmy! Odpręż się, przestań myśleć o codziennych sprawach i przypomnij sobie różne zdarzenia z przeszłości, powspominaj ludzi, swoje zwierzaki, ulubione zabawki i zabawy, dawne mieszkania, pomyśl o swoich lękach, pragnieniach, przywołaj wspomnienie rodzinnych tradycji.
W czasie tej wyprawy w głąb pamięci znajdź coś, czym mogłabyś podzielić się z dzieckiem. Możesz tę historyjkę zmodyfikować tak, aby była pouczająca. Wymyślaj też rozmaite historie; opowiadaj je często, a będą się zmieniać, obrastać w szczegóły. Twoje umiejętności narracyjne zaczną stawać się coraz doskonalsze – od mamy tej sztuki nauczy się dziecko.

Mały kolekcjoner

W bibliotekach i księgarniach można znaleźć wiele najrozmaitszych książek, które na pewno spodobają się dzieciom:

- zbiory wierszy dla dzieci, choćby Juliana Tuwima czy Jana Brzechwy
- ilustrowane śpiewniki
- plastikowe książeczki do czytania w wannie
- książeczki z obrazkami rozkładającymi się jak kartonowe szopki
- książeczki o oryginalnych kształtach, na przykład misia albo lalki
- duże książki z wielkimi ilustracjami
- książki z obrazkami rysowanymi przez dzieci
- albumy ze zdjęciami.

Dzieci lubią także książki o dzieciach. Lubią realistyczne ilustracje, na których dziecięcy bohaterowie bawią się, jedzą, śpią, kąpią, płaczą, są w objęciach rodziców, idą do sklepu, parku, na basen, na plażę. Lubią książki z obrazkami przedstawiającymi zwierzęta, ciężarówki, pociągi, kwiaty, drzewa. Szybko się zorientujesz, które książki twoje dziecko lubi najbardziej – będą zniszczone od częstego czytania i oglądania.

Widzieć znaczy uwierzyć

Dziecko przywyka do czynności, jaką jest czytanie, poprzez to, że otoczone jest ludźmi czytającymi, i dzięki temu, że czyta mu się na głos. Najpierw, kiedy dziecko leży albo przytula się do ciebie, po prostu rozkoszuje się twoją bliskością i brzmieniem twojego głosu. Potem zaczyna interesować się książką jako przedmiotem – dotyka jej, wącha, wkłada do buzi – i z zaciekawieniem ogląda obrazki. Może w podnieceniu walić piąstką po książce, przewracać strony, stukać paluszkiem w ilustracje, gaworzyć na widok obrazków. Pozwól, aby dziecko „przeczytało” ci swoją ulubioną historyjkę. Twoja uwaga i podziw sprawią, że dziecko – uszczęśliwione – zacznie naprawdę lubić książki!

181

Ruchliwe historyjki

Kiedy dziecko zaczyna chodzić, najbardziej lubi opowiastki o rozmaitych czynnościach, o tym, co się zdarzyło komuś poza domem. Jeśli twojemu maluchowi trudno usiedzieć spokojnie nawet przez chwilę, musisz poszukać opowiastki naprawdę wciągającej – na przykład takiej, której bohater będzie robił coś, co i twoja córeczka lub synek też potrafią. Pamiętaj, że frajda nie polega na tym, by za jednym zamachem przeczytać książkę od deski do deski. Dziecko polubi głośną lekturę, jeśli będziesz robiła przerwy na baraszkowanie, podskoki, zabawę w chowanego i chichotki. Spróbuj też sama wymyślić zajmującą historyjkę – zilustruj ją obrazkami z kolorowych magazynów. Na przykład, jeśli wybierzesz zdjęcia przedstawiające szczeniaka, plażę, dzieci, autobus albo pociąg, możesz ułożyć opowiastkę o niegrzecznym małym piesku, który uciekł ze swojego podwórka i goniąc jakieś dzieci, wsiadł za nimi do autobusu, który dowiózł go na plażę. Takich historyjek na podstawie rozmaitych ilustracji można wymyślić setki.

Bajki o przytulankach

Dzieci bardzo lubią mieć w pobliżu jak najwięcej przytulanek. Opowiedz o nich historyjkę. Jeśli maluch ma na przykład dwa misie albo trzy króliczki, wymyśl bajkę o rodzinie misiów lub królików. Od usposobienia i etapu rozwoju dziecka zależy, jakiego rodzaju schematy fabularne spodobają mu się najbardziej. Jednemu maluchowi atrakcyjne wydają się historyjki, w których ktoś się gubi, a potem odnajduje, wyrusza w podróż, jedzie najrozmaitszymi pojazdami, wspina się w poszukiwaniu skarbów, innemu – opowiastki o wyprawie z mamą do zoo, do cyrku, na przyjęcie urodzinowe. Przy układaniu fabuły kieruj się zatem wiedzą o charakterze twojego dziecka.

Obrazki z wyprawy

Zabierz dziecko na wyprawę: dookoła domu, do sklepu ze zwierzętami, do sąsiadów, do ogrodu po kwiatki; krótko mówiąc, wyprawcie się tam, dokąd oboje macie ochotę pójść. Po drodze pokazuj dziecku wszystko, co może je zainteresować. Kiedy wrócicie do domu, weź duży arkusz papieru (albo wygładź rozerwaną papierową torbę) – i do dzieła. Narysuj mapę waszej wędrówki, w trakcie rysowania przypominaj dziecku, co dziś razem robiliście. Zacznij od wyjścia z domu i narysuj wszystko, co widzieliście podczas spaceru.

Kiedy dziecko podrośnie, niech samo opowiada, co się wydarzyło, a ty rysuj. Później zacznie samo i rysować, i opowiadać. Pamiętaj, że choć ty możesz nie mieć zielonego pojęcia, co przedstawiają bazgroły twojego malucha, to on zawsze wie to doskonale! Poproś, żeby ci wytłumaczył, co jest na obrazku – oboje będziecie zachwyceni!

Rysuj i opowiadaj

Przygotuj:

arkusz papieru, kredki świecowe.

Przypomnij sobie albo wymyśl jakąś historyjkę i opowiedz ją dziecku. W trakcie opowiadania rysuj do niej ilustracje – najprostsze kształty, a nawet zwykłe bazgroły wystarczą, żeby zainteresować malucha. Kiedy skończysz bajkę, możesz pokolorować rysunek. Wymyśl opowiastkę, w której wystąpi twoja córeczka czy synek – dzieci uwielbiają słuchać o sobie. Gdy dziecko będzie nieco starsze, niech ono opowiada, a ty rysuj albo ty opowiadaj, a ono niech rysuje.

Historyjka-układanka

Przygotuj:

stare pisma kolorowe, nożyczki, klej, karton.

Przejrzyjcie razem magazyny. Wycinaj ilustracje, które dziecko wskaże, a także te, którym uważnie się przyjrzy. Naklej obrazki na karton i wymyśl pasującą do nich historyjkę. Modyfikuj ją – za każdym razem zaczynaj opowieść od innego obrazka. Dziecko - ponieważ wybierało ilustrację – będzie uważać się za współtwórcę owych historyjek i poczuje słuszną dumę.

Teatrzyk cieni

Dobrze bawi się i ten, kto rzuca cienie, i ten, kto je obserwuje. Potrzebujecie tylko źródła światła (wystarczy latarka) i płaskiej, jasnej powierzchni, najlepiej ściany. Im światło jest mocniejsze, im bielsza ściana, tym wyraźniejsze będą cienie. Cienie można powiększać albo zmniejszać, przysuwając dłonie do śródła światła lub je odsuwając. Najłatwiej wyczarować na ścianie królika – po prostu układasz palec wskazujący i środkowy w kształt litery „V". Wypróbuj, jak wyglądają cienie rzucane jedną ręką, potem poeksperymentuj z dwiema. Pokazuj dziecku różne zwierzęta; niech na ścianie pojawią się wąż, żółw, pies, gęś, jeleń, krokodyl, ptak. Ułóż do poszczególnych cieni rymowanki, na przykład:

Była sobie mała żmijka,
Miała pyszczek zamiast ryjka.
Powoli się wiła,
Bo malutka była,
Bardzo urosnąć chciała,
Więc w czasie deszczu pełzała.

Daj się ponieść natchnieniu, a zadziwisz samą siebie!

187

Mieszkańcy drzew

Przygotuj:

duże brązowe pudło (możesz kilka pudełek ustawić jedno na drugim), tuby po ręcznikach papierowych, taśmę klejącą, pluszaki, lalki.

W jednej ze ścianek stojącego pionowo pudła wytnij owalną dziurę; jej wielkość będzie zależała od tego, kto ma w drzewie zamieszkać. Zrób gałęzie – przyklej tuby po ręcznikach do pudła albo powycinaj w nim dziury po bokach i do każdej wsuń tubę. W dziupli, w jamie, może zamieszkać wiele stworzeń, o których da się ułożyć zajmujące historyjki: niedźwiedź, sowa, wiewiórka, mysz. Wybierz bohatera spośród zabawek dziecka albo zrób go sama (ze zwiniętej skarpetki, guzików i sznurka czy wełny, „twarz” narysuj tuszem). Obejrzyjcie obrazki przedstawiające rozmaite stworzenia mieszkające w dziuplach, opowiedz, co które z nich jedzą, jakie mają obyczaje. Ułóż historyjkę o waszym własnym zwierzaku.

Wyrabiać i lepić

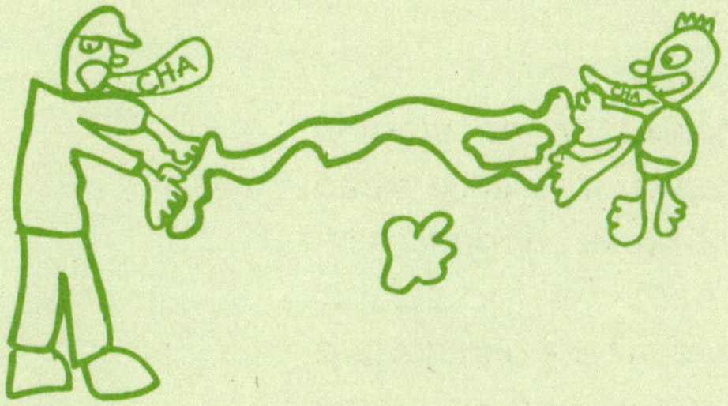

Ciasto do zabawy

Przygotuj:
dwie filiżanki mąki, filiżankę soli, dwie łyżeczki oliwy, łyżeczkę barwnika spożywczego, dwie filiżanki wody.

Ciasto do zabawy może dostarczyć ruchliwym rączkom dziecka dłuższej zajmującej rozrywki. Poniżej podajemy przepis na to gładkie ciasto; da się je trzymać w plastikowym opakowaniu całymi tygodniami, nie trzeba nawet wkładać go do lodówki.

W rondlu, ustawionym na średnim ogniu, podgrzewaj wszystkie składniki, ciągle mieszając, dopóki ciasto nie zacznie odstawać od ścianek naczynia. Przez minutę okręcaj jeszcze kulę z ciasta w garnku, potem wyjmij i ugnieć. Kiedy wystygnie, zbadajcie, jakie właściwości ma masa; klepcie ją, utaczajcie z niej kule, ucierajcie, tnijcie (zaokrąglonym plastikowym nożem), rozrywajcie na kawałki, odciskajcie w niej dłonie i stopy. Dokładnie obejrzyjcie nogi po skończeniu zabawy, zanim przejdziecie do innego pokoju. Ciastem łatwo zabrudzić całe mieszkanie!

Inne ciasto
- bez gotowania

Przygotuj:
cztery filiżanki mąki, filiżankę soli jodowej, jedną i trzy czwarte filiżanki ciepłej wody.

Wymieszaj składniki w misce, ugniataj masę przez dziesięć minut. Potem możecie lepić z ciasta rozmaite figurki albo toczyć kule. Jeśli chciałabyś zachować którąś z rzeźb dziecka, piecz ją, aż stwardnieje, w piekarniku rozgrzanym do 220 stopni. Odciski rączek i nóżek twojego synka albo córeczki to przemiła pamiątka.

Ciasto dla małego piekarza

Przygotuj:

trzy filiżanki mąki, filiżankę soli, trzy łyżeczki oleju, filiżankę wody.

Wymieszaj mąkę z solą w misce, dodaj olej i wodę. Jeśli masa będzie za twarda i mało elastyczna, dolej jeszcze trochę wody. To ciasto świetnie nadaje się do zabawy w piekarnię. Teraz tylko daj dziecku fartuszek, wałek, foremki – i niech się maluch bawi, ile dusza zapragnie.

Precelki
z ciasta serowego

Przygotuj:
filiżankę mąki, dwie łyżki tartego parmezanu, pół łyżeczki soli, pół kostki masła lub margaryny, filiżankę pokruszonego sera cheddar, dwie, trzy łyżki zimnej wody.

W dużej misce wymieszaj mąkę z parmezanem i solą, dodaj posiekane masło, wsyp cheddar. Mieszaj masę widelcem, dolewając stopniowo wody. Ugnieć z ciasta kulę, rozetnij na dwie części, każdą podziel na dwanaście kawałków. Kładź je po kolei na stolnicy posypanej mąką. Razem z dzieckiem wałkujcie je, póki nie powstaną cienkie pałeczki, które możecie powyginać w rozmaite wzory. Precelki piecz przez dwanaście minut w rozgrzanym do 215 stopni piekarniku.

Możesz je podać do obiadu jako dodatek do zupy jarzynowej albo surówki lub sałatki warzywnej. Odpowiednia dla dziecka powyżej jednego roku porcja to 3–4 precelki.

Nadziewaniec

Przygotuj:

filiżankę krochmalu, filiżankę wody, kwadratową formę do ciasta albo miednicę, łyżkę, plastikowe lub metalowe kubki do odmierzania, lejek.

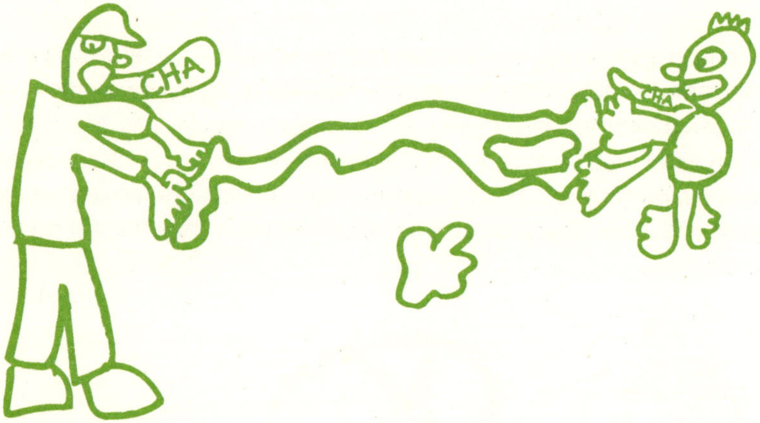

Wymieszaj krochmal z wodą i wlej do formy. Nafaszeruj ciasto różnymi bezpiecznymi dla dziecka przyrządami kuchennymi: plastikowymi łyżeczkami i sztućcami do sałaty, miękką szczoteczką, lejkiem. Nadziewaniec ma inną konsystencję niż ciasta, na które przepisy podałyśmy wcześniej, ale dostarcza równie świetnej zabawy!

Ciasto superelastyczne

Przygotuj:
dwie miski i plastikowy pojemnik z pokrywką, dwie filiżanki białego kleju, półtorej filiżanki wody, barwnik spożywczy, dwa razy po jednej trzeciej filiżanki wody, dwa razy po łyżeczce boraksu.

W misce wymieszaj biały klej i półtorej filiżanki wody, dodaj kilka kropli barwnika spożywczego. W drugiej misce połącz jedną trzecią filiżanki wody z boraksem i dodaj do kleju. Masę przenieś do plastikowego pojemnika. Ugnieć. Do resztki ciasta w misce dodaj jeszcze wody i boraksu, żeby i tej masie nadać klejowatą konsystencję. Zamieszaj i wlej do plastikowego pojemnika. To ciasto daje się rozciągać, można je zaplatać, układać w spirale, rozwałkowywać, wykręcać, kroić na kawałki. Zobaczcie, co się stanie, kiedy zostawicie na stole kulę ciasta i wrócicie po kilku minutach.

Zabawa w starym stylu

Przygotuj:
ziemię i wodę (wymieszaj je), wiadro albo szlauch, łopatkę lub łyżkę.

Wyszukaj na dworze, najlepiej we własnym ogrodzie, miejsce, gdzie jest pusty kawałek ziemi. Spulchnij kwadrat ziemi o bokach około pięćdziesięciu centymetrów łopatką lub łyżką. Polej ją wodą z wiaderka albo z węża i mieszaj rękami, szpadelkiem, łyżką czy kijkiem, aż powstanie kleista papka, która posłuży wam jako materiał do stworzenia dzieła. Ułóżcie je na papierowych ręcznikach, dużej plastikowej pokrywce albo kawałku kory. Dzieło powinniście przyozdobić piaskiem, trawą, kamyczkami, płatkami kwiatów i gałązkami. W rzeźbienie można ostatecznie bawić się i w domu – jeśli masz dużą miskę i bardzo lubisz sprzątać.

Ciasto kukurydziane 1.

Przygotuj:
półtorej filiżanki mąki, półtorej filiżanki mąki kukurydzianej, filiżankę soli, filiżankę wody, miskę albo plastikowy pojemnik z pokrywką.

Wymieszaj w misce wszystkie składniki; jeśli masa nie będzie dość gładka, dodaj więcej wody. To ciasto może długo poleżeć w szczelnym pojemniku. Bawcie się nim tak samo jak innymi – badajcie strukturę ciasta, ugniatajcie je, lepcie z niego różne kształty. Odciskajcie w nim rozmaite przedmioty, na przykład naczynia, foremki, klucze, grzebienie, widelce.

Ciasto kukurydziane 2.

Przygotuj:

pół filiżanki soli, pół filiżanki gorącej wody, jedną czwartą filiżanki zimnej wody, pół filiżanki mąki kukurydzianej, rondel, miskę, deskę.

Zagotuj w rondlu sól wymieszaną z gorącą wodą. Do miski wsyp mąkę i dolej zimną wodę. Wlej tę mieszaninę do rondla i gotuj na małym ogniu, aż powstanie rodzaj placka. Wyrzuć ciasto na deskę i ugniataj na gładką masę.

Praca z gliną

Kup duże opakowanie gliny; w dotyku jest inna niż ciasta do zabawy zagniatane z mąki – po dodaniu wody staje się twardsza, bardziej zbita i śliska. Rączki dziecka mogą z niej ulepić proste formy. Zanim zaczniecie, nożem o zaokrąglonym ostrzu oddziel kawał gliny. Najlepiej rzeźbić na poszewce od poduszki – po zabawie można wszystko razem zwinąć i schować do następnego razu. Nalej wody do pojemniczka i powiedz dziecku, żeby – zanim weźmie się do roboty – zanurzało w niej paluszki.
Po kilku dniach wasze dzieła stwardnieją, trzeba wtedy uważać, bo łatwo się tłuką, a dziecko na pewno będzie chciało pokazać swoje rzeźby jeszcze wielu osobom!

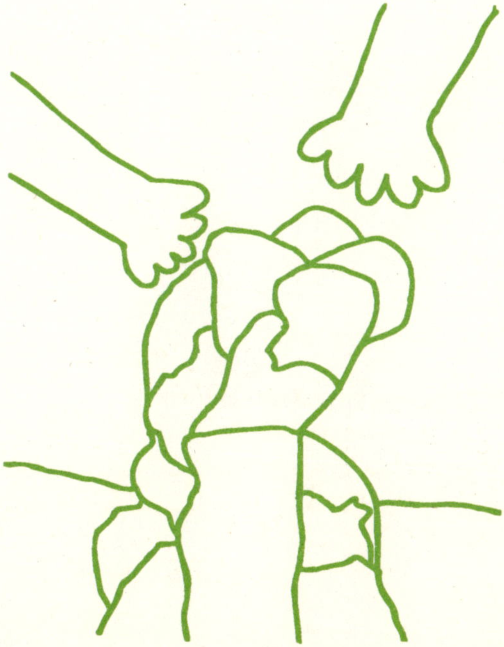

Zabawy z wodą

Pływający wieniec

Przygotuj:
tacki (po mięsie, jarzynach), korki, gąbkę, małe kawałki kory, cienki sznurek.

Potnij tacki albo gąbkę w rozmaite kształty. Wywierć w nich, a także w korze i korkach, dziurki, przeciągnij przez nie sznurek. Końce sznurka zwiąż ze sobą tak, żeby powstało coś w rodzaju naszyjnika. Wieniec z pływaków wrzuć do wody – do wanny, jeziorka, rzeczki, brodzika.

Dobre rady:
Rozpuść trochę barwnika spożywczego w wodzie, a potem zamroź ją w pojemniku na kostki lodu. Kiedy dziecko się kąpie, wrzuć kostki do wanny. Zobaczysz, jak chętnie będzie je wyłapywać!

Toni T., Salinas

199

Bąbelki i fale

Przygotuj:
ubijaczkę, trzepaczkę, łyżki, plastikowe rurki do napojów, łódeczkę albo lekki klocek.

Zabawa odbywa się w wannie, podczas kąpieli. Puść na wodę łódeczkę albo klocek. Poruszaj ubijaczką, żeby powstały fale i łódka popłynęła. Niech dziecko dmucha przez rurkę do wody – powstaną bąbelki. Weź drugą rurkę, tak długą, byś mogła, siedząc przy wannie, robić to samo. Łyżką i trzepaczką rozchlapujcie wodę. Chodzi o to, żeby kąpiel stała się dla dziecka zabawą, a woda – przyjaznym żywiołem.

Dobre rady:
Kupiłam miękką gumową poduszkę i położyłam ją przy wannie. Teraz mogę klęczeć sobie wygodnie tak długo, jak długo mały chce się pluskać i bawić w wodzie.

Angela T., Niles

Z pojemnikami w wannie

Przygotuj:

pojemniki różnej wielkości.

Maluchy bardzo lubią napełniać naczynia, a potem je opróżniać; najlepiej niech przeprowadzają takie eksperymenty w wannie. Dzieci nieco starsze zaczynają przelewać wodę z jednego pojemnika do drugiego. I zawsze, ale to zawsze, rozśmiesza je widok rozpryskujących się kropli.

Dobre rady:

Zanurz prysznic w pełnej wannie i zrób „wiry wodne”. Na pewno rozbawią was fantastyczne bąbelki.

Martha B., Columbus

Chodnikowe malowidła

201

Przygotuj:
stary pędzel,wiadro.

Napełnij wiadro wodą i idźcie w miejsce wcześniej upatrzone – tam gdzie jest kawałek asfaltu, chodnika, cementowa ścieżka. Zanurz pędzel w wodzie i zacznij malować. Dziecko z zainteresowaniem będzie się przyglądało, jak stworzone przez ciebie kształty znikają powoli, wysuszane przez słońce. Zabawa w chodnikowe malowidła ma same zalety: woda jest za darmo, nie trzeba sprzątać, a dziecko dobrze się bawi!

Zmywanie

Nie ma lepszej zabawy z wodą niż zmywanie plastikowych naczyń w kuchennym zlewie! Wlej do wody sporo łagodnego płynu do mycia i zamieszaj, żeby było dużo piany. Przy zlewie postaw niski, stabilny stołeczek i pozwól dziecku szaleć. Niech myje naczynia szczotką, a czyste stawia na ścierce. Niech je nawet wyciera i chowa do szafek w kuchni albo wkłada do swojego pudełka z zabawkami. Będzie tak zaabsorbowane, że ty w tym czasie spokojnie ugotujesz obiad!

203

Letnia ślizgawka

Przygotuj:

kawał grubego plastiku wielkości około trzech metrów (na przykład kilka nierozdzielonych dużych toreb na śmieci), szlauch.

Załóż kostium kąpielowy, znajdź w ogrodzie przyjemne, bezpieczne miejsce na trawie, rozłóż tam plastikową płachtę i puść na nią wodę. Baw się razem z dzieckiem – maluchy z zapałem raczkują po mokrej, śliskiej powierzchni, trochę starsze biegają i ślizgają się po niej. Możesz, leżąc na plecach, położyć sobie na brzuchu dziecko buzią zwrócone do ciebie i wić się po mokrym plastiku, udawać, że rysujesz ciałem orła (jak w śniegu), pluskać wodą. To znakomita zabawa na upalny dzień!

Dobre rady:

Na czas kąpieli połóż ręcznik na dnie wanny, niemowlę będzie mogło leżeć sobie na plecach i wierzgać nóżkami do woli, a ty nie będziesz się niepokoić, że może się poślizgnąć. Oczywiście, nalej do wanny wody nie więcej niż na wysokość kilku centymetrów!

Todd P., St. Cloud

Chlapu, chlapu, chlap!

Oto dwie zabawne i łatwe do zapamiętania rymowanki, które można powtarzać przy chlapaniu się w wodzie:

Chlapu, chlapu, chlap, w wodzie trzej panowie (pochlap trochę wodą).
A kim są panowie? Niech mi dziecko (użyj imienia dziecka) powie (wskaż dziecko).
Zdun Antoni, szewc Hilary, piekarz Paweł (po kolei wysuń trzy palce),
Po kąpieli czyściuteńcy poszli na zabawę (schowaj palce za siebie).

Żółwiczka kochana
O imieniu Mania
Weszła raz do wanny
Uczyć się pływania.
Mydła dużo zjadła,
wodę też wypiła,
I na grzbiet upadła –
Cała się pieniła!

Dobre rady:
Kiedy dziecko siedzi w wannie, daj mu mały ręcznik. Tkanina frotté przyjemnie masuje rączki – i dziąsła, kiedy dziecko wkłada ręcznik do buzi.

Cheryl W., Lancaster

Bąbelki dla dziecka

205

Przygotuj:
na roztwór łagodny – jedną trzecią filiżanki dziecięcego, nie wywołującego łez szamponu, jedną i jedną czwartą filiżanki wody, dwie łyżeczki cukru, kroplę barwnika spożywczego; na roztwór mocniejszy – jedną czwartą filiżanki płynu do mycia naczyń, jedną czwartą filiżanki gliceryny, trzy czwarte filiżanki wody, łyżkę cukru.

Wymieszaj składniki i wlej płyn z bąbelkami do pojemnika z pokrywką. Dmuchaj tak, żeby bańki podlatywały w górę; dziecko będzie zdziwione i zachwycone. Zachęć je, żeby spróbowało łapać fruwające bąbelki. Która z baniek szczególnie przyciągnęła uwagę malucha? Starsze dzieci lubią same puszczać bańki, używając słomek albo łyżeczek z dziurką; można też kupić w sklepie specjalny zestaw.

Szczęśliwy pomocnik

Dzieci bardzo lubią pomagać mamie w domowych pracach, szczególnie wtedy, gdy do roboty potrzebna jest woda. Wlej dwie łyżki białego octu do butelki z rozpylaczem i dopełnij wodą. Pokaż maluchowi, jak spryskuje się szyby, a potem wyciera je starymi gazetami albo papierowymi ręcznikami. A kiedy już umyjecie okna – może wzięlibyście się za podłogi? Wlej trochę ciepłej wody z mydłem (jeszcze lepiej – z łagodnym płynem do mycia naczyń) do wiadra, do środka włóż dwie gąbki – i do pracy. Umyjcie niewielki kawałek podłogi pokrytej płytkami. Naucz dziecko wyciskać nadmiar wody z gąbki przed wyjęciem jej z wiadra. Maluch może się cieszyć albo martwić, że podłoga przemieniła się w kałużę, ale w każdym przypadku będzie uszczęśliwiony, że pracował razem z mamą.

Dobre rady:

Kiedy moje dwuletnie dziecko zaczęło samo otwierać i zamykać drzwi – a raczej nimi trzaskać – za każdym razem, przerażona, biegłam sprawdzić, czy wszystko w porządku. Znajoma poradziła mi, żebym powiesiła ręcznik na górnej krawędzi drzwi. Teraz już nie boję się, że coś złego stanie się małym paluszkom albo noskowi.

Lizza R., Chesterland

Jedne pływają, inne nie pływają

Przygotuj:
duży przezroczysty pojemnik albo wanienkę, ręcznik kąpielowy, przedmioty takie, jak gąbka, klamerki do bielizny, łyżka, klucz, plastikowa zabawka, filiżanka, drewniany klocek, grzebień, muszla, papier.

Rozłóż ręcznik na niskim stole – w lecie możecie się bawić na dworze – na nim postaw pojemnik albo wanienkę, napełnij naczynie w trzech czwartych wodą. Obok pojemnika połóż przedmioty, które wybrałaś. Zapewne nie będziesz wcale musiała zachęcać dziecka, żeby powrzucało je do wody. Powiedz: – Zobaczmy, które rzeczy utrzymają się na wodzie, a które pójdą na dno. – Używaj słów „pływa" i „tonie", kiedy zwracasz uwagę dziecka na to, jak zachowują się poszczególne przedmioty. Opowiedz, z czego zostały zrobione: z drewna, metalu, plastiku, gąbki. Kiedy zadajesz maluchowi rozmaite pytania, pamiętaj, że chodzi przede wszystkim o to, żeby zaczął się zastanawiać nad rozmaitymi zjawiskami, nie przejmuj się więc, jeśli odpowie źle. Zachęcaj dziecko, aby obserwowało świat!

Tęcza-niespodzianka

Zdarza się, że kiedy tuż po deszczu zaświeci słońce, to na niebie pojawia się tęcza. Tęcza zawsze składa się z siedmiu barw – czerwonej, pomarańczowej, żółtej, zielonej, niebieskiej, indygo i fioletowej – zazwyczaj jednak widać wyraźnie tylko cztery albo pięć kolorów. Wspaniałą zabawą na letni dzień będzie wyczarowanie własnej tęczy (jeśli jest upał, załóżcie kostiumy kąpielowe). Uruchom szlauch, wyreguluj strumień i puść go wysoko w górę tak, żeby spływająca woda przybrała kształt łuku. Pokaż dziecku, kiedy promienie słońca przetną wodny łuk i powstanie tęcza. Opowiadaj mu o kolorach i poruszając wężem, próbuj uzyskać rozmaite konfiguracje barw. W bibliotece znajdź jakąś bajkę o tęczy i przeczytaj ją dziecku. Jeżeli nie masz węża ogrodowego, spróbuj użyć plastikowego syfonu napełnionego wodą.

Lodowe szaleństwo

Przygotuj:

jedno-, dwulitrowy karton po mleku, małe plastikowe zwierzątka i rybki.

Do kartonu wlej wodę, wrzuć do środka kilka zabawek. Włóż karton do zamrażalnika i poczekaj, aż woda zamarznie. Wyjmij blok lodu z kartonu, włóż go do miski albo wanienki. Badajcie dłońmi lodową bryłę, mów dziecku, co czujesz, kiedy jej dotykasz. Urządźcie na bloku lodu ślizgawkę dla zabawek. Nalej ciepłej wody do wanny i włóż tam bryłę; obserwujcie, jak lód powoli zaczyna topnieć. Czy woda w wannie zrobiła się chłodniejsza? Spytaj dziecko, co jest w środku lodowego bloku. Latem możecie bawić się mniejszymi i większymi kostkami lodu na dworze. Dziecko uczy się, jakie kształty może przyjąć woda, i obserwuje, jak w czarodziejski sposób znika pod wpływem słońca.

Odpoczynek
w parku

Spacer

Jeśli wydaje ci się, że dziecko za dużo sypia, jeżeli brakuje ci ruchu i świeżego powietrza, idźcie na spacer do parku – takiego, w którym są alejki pokryte asfaltem albo żwirem i wydzielone ścieżki rowerowe. Upewnij się, że wózek spacerowy jest bezpieczny dla niemowlęcia; musi być miękko wyścielony, mieć daszek od słońca i pas chroniący dziecko przed wypadnięciem, oparcie powinno być nachylone pod odpowiednim kątem. Weź zapasowe pieluszki i parę chusteczek, wodę, kocyk, krem ochronny, kanapki i – w drogę. Jeśli większość czasu spędzasz tylko z dzieckiem i brakuje ci towarzystwa dorosłych, możesz na taki spacer zaprosić przyjaciółkę.

Śniadanie na trawie

Dzieci uwielbiają spacery prawie tak bardzo, jak ich mamy. W niektórych parkach można rozłożyć na trawniku koc i wspaniale odpocząć – sprawdź tylko najpierw, czy trawnik nie był przed chwilą podlewany! W piękny letni dzień, kiedy trudno usiedzieć w domu, zjedzcie śniadanie na trawie. Zapakuj kanapki, termos z piciem, owoce, sok, koc, niezbyt mocno nadmuchaną piłkę, ulubioną zabawkę dziecka i urządźcie sobie piknik. Po śniadaniu i zabawie piłką położcie się na kocu na plecach i przypatrujcie wielkiemu błękitowi nad głowami.

Jak wybrać park

Obejdź kilka parków i ogrodów publicznych; w trakcie spaceru zapisuj w notesiku ich wady i zalety. Wkrótce się zorientujesz, jak bardzo parki mogą się od siebie różnić. W jednych stoją tylko stare, wymagające naprawy metalowe ławki i nie ma żadnych udogodnień, w innych natomiast zobaczysz nowe place zabaw, wyposażone w drewniane albo plastikowe sprzęty i siedziska. Oto pytania, które powinnaś zadawać sobie w czasie poszukiwań:

- Czy czujesz się w tym parku bezpieczna?
- Czy są w nim toalety?
- Czy działają fontanny?
- Czy jest czysto?
- Czy można tu znaleźć ocienione miejsca?
- Czy wolno wprowadzać zwierzaki?
- Jak wyposażony jest plac zabaw?

212

Na huśtawce

Niektóre dzieci mogłyby się huśtać cały dzień bez przerwy. Dopóki dziecko nie jest jeszcze w stanie utrzymać podniesionej główki, siadaj razem z nim na huśtawce i powoli się kołyszcie. Kiedy główka i kark są już dostatecznie silne, naucz malucha samodzielnej zabawy. Fotelik huśtawki wyłóż miękkim kocykiem – dziecku będzie wygodniej i będzie bezpieczniejsze, bo koc wypełni wolne miejsca pomiędzy jego ciałkiem a ściankami fotelika. Odpychaj huśtawkę ostrożnie, stojąc twarzą do dziecka, dzięki temu od razu zauważysz, że maluch ma już dość tej zabawy. Kiedy pochylasz się, żeby popchnąć huśtawkę, od czasu do czasu zasłoń twarz ręką i zawołaj: – A kuku! – Samo siedzenie na wysokim krzesełku huśtawki i przebieranie nogami to dla dziecka wspaniała rozrywka. Kiedy nieco podrośnie i poczuje się na huśtawce pewnie, często będzie krzyczeć: – Wyżej, wyżej, wyżej! – Możesz mieć gwarancję, że jeszcze długo huśtanie mu się nie znudzi!

Gotowi na wszystko

Przygotuj:
ekwipunek złożony z rzeczy, które ułatwią i uprzyjemnią wyprawy do parku. Włóż je do dużej torby z paskiem na ramię i trzymaj w szafie lub w bagażniku. Oto, co przyda się wam na pewno:

- koc albo duży ręcznik
- apteczka
- czapki chroniące głowę przed słońcem
- kilka papierowych torebek na śmieci
- wiaderko, łopatka, foremki, sitko, lejek – do zabawy w piasku, samochodziki, pluszaki, laleczki
- zapasowe pieluszki i chusteczki higieniczne
- parasol
- szkło powiększające do badania przyrody.

Praktyka wykaże, jakie jeszcze rzeczy powinnaś dołączyć do parkowego ekwipunku. Kiedy go skompletujesz, przygotowania do spacerów staną się dużo szybsze i łatwiejsze.

W piaskownicy

Duża piaskownica to dla dzieci wspaniałe miejsce – otwiera przed nimi niemal nieograniczone możliwości, zakaz jest tylko jeden: nie rzucać piaskiem! Dziecko ćwiczy kopanie jam, lepienie babek, napełnianie i opróżnianie najrozmaitszych naczyń i jednocześnie obserwuje, jak bawią się inne maluchy. Bywa, że pierwsze kontakty z osobami spoza rodziny dziecko nawiązuje właśnie w piaskownicy. Kilka rzeczy przydatnych w zabawie w piaskownicy:

- pudełko po butach do napełniania piaskiem
- pudełka po soku do napełniania i budowania wież
- łopatka, łyżki (w tym do lodów)
- plastikowe miarki proszków do prania.

Zbudujcie górę, dookoła niej starannie uklepcie piasek. Potem zacznijcie z przeciwnych stron ją przekopywać, aż wasze ręce się spotkają. Bawcie się w chowanie i szukanie zabawek w piasku. Wygładźcie piasek i odciśnijcie w nim dłonie i stopy. Wykopcie dziurę, nalejcie do niej wody i obserwujcie, jak woda wsiąka w piasek. Jeśli jest gorąco, to możecie zakopywać sobie nawzajem stopy.

Przewidzieć kłopoty

Ciekawość świata powoduje czasem, że dziecko popada w tarapaty, z którymi nie umie sobie poradzić. Bądź zawsze czujna, staraj się w porę ostrzegać malucha przed niebezpieczeństwami i przewidywać sytuacje, w których mógłby potrzebować twojej pomocy. Bądź szczególnie ostrożna, kiedy:

- Dziecko zbliża się do huśtawki, na której huśta się inny maluch; huśtawki nie mają hamulców, a siedzące na nich dzieci mogą nie zauważyć, że ktoś nadchodzi.
- Nie zakładaj, że bawiące się w parku starsze dzieci będą zachowywać się ostrożnie wobec twojego dziecka. Niektóre z nich są tak pochłonięte zabawą, że świata nie widzą.
- Jeśli do zjeżdżania jest dużo chętnych, powinnaś, gdy tylko twoje dziecko zjedzie, szybko zabrać je ze zjeżdżalni, żeby następne nie kopnęło go w plecy.
- Dzieci bardzo lubią karuzele, uwielbiają na nich jeździć i przyglądać się, jak jeżdżą inni. Często nie czekają, aż karuzela się zatrzyma, tylko próbują wskoczyć w biegu. Bądź blisko dziecka, żebyś mogła je powstrzymać. Uprzedź je wcześniej, że to niebezpieczne.

Wypadki się zdarzają, ale wielu z nich możemy uniknąć, jeśli otoczymy dziecko staranną opieką.

Liściasty przyjaciel

Naucz dziecko doceniać cud istnienia najrozmaitszych stworzeń i roślin. Na początek wybierzcie sobie przyjaciela spośród drzew w parku, do którego często chodzicie. Przedstaw drzewo synkowi albo córeczce (nazywaj je „drzewem") i powiedz, do jakiego gatunku należy. Oboje uściskajcie serdecznie nowego przyjaciela! Opowiadaj dziecku o pniu drzewa, gałęziach, liściach – krótko mówiąc, o wszystkim, co drzewa dotyczy. Kiedy szykujecie się do powrotu do domu, uściskajcie drzewo na pożegnanie. Róbcie to zawsze, gdy przychodzicie do tego parku, zwracaj przy tym dziecku uwagę, jak zmienia się drzewo w zależności od pory roku.

Cześć, latawcu!

Przygotuj:

flamastry, jednorazowe talerze papierowe, serpentyny z karbowanej bibułki, taśmę klejącą, sznurek albo długie pasmo wełny.

Nawet maleńkie dziecko, które oczywiście nie umie jeszcze samo puszczać latawców, zafascynowane jest tą fruwającą zabawką od pierwszego razu, kiedy ją ujrzy na niebie. Najlepiej puszczać latawce w parkach, w których są duże, otwarte przestrzenie porośnięte trawą. Pokaż dziecku, jak robi się te zabawki. Przyklej taśmą sznurek lub wełnę do tylnej części papierowych talerzy (albo wywierć w środku dwie dziurki, przeciągnij przez nie sznurek i zwiąż końce). Doklej latawcowi ogon z serpentyn – przyjemnie jest patrzeć, jak takie leciutkie, kolorowe pasma falują na wietrze. Narysuj na talerzu jakiś ozdobny wzór albo zabawną buzię. Tego rodzaju latawiec nie pofrunie wysoko, będzie tylko, płynąc za biegnącym przodem dzieckiem, podskakiwał na wietrze. Zrób dwa latawce, wtedy oboje będziecie mogli się bawić!

Mały poszukiwacz skarbów

Przygotuj:
łopatkę albo łyżkę, bibułkę, puszkę po kawie, metalowy lub plastikowy pojemnik kuchenny, lub pudełko po butach, „kosztowności" (czyli to, co dziecko może uznać za skarb).

Włóż skarb do pojemnika i ukryj go w stosie liści, w krzakach, w małym dołku wykopanym w ziemi lub piasku albo za drzewem. Oznacz drogę rzuconymi na ziemię kawałkami bibułki – to będzie szlak prowadzący do skarbu; kilka strzępków rozrzuć wokół miejsca ukrycia kosztowności. Teren do zabawy przygotuj w tajemnicy przed dzieckiem – najlepiej zrób to, kiedy maluch się huśta albo jest pochłonięty zabawą w piaskownicy. Skarb schowaj niedaleko od waszej „bazy", tak żebyś miała córeczkę czy synka cały czas na oku. Kiedy wszystko będzie gotowe, zaproponuj: – Chodźmy szukać skarbów, drogę pokażą nam specjalne znaki.
Posuwając się naprzód, podnoście strzępki bibułki. Możesz w trakcie poszukiwań opowiedzieć dziecku, jak to dawno, dawno temu ten skarb schowali tu piraci.

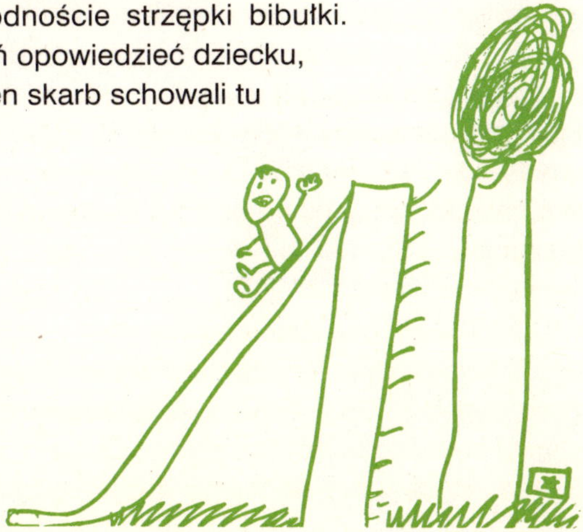

Pięć, sześć, gałązkę weź

Przygotuj:
wiaderko, torbę papierową albo pudełko po butach.

Pospacerujcie po parku i wrzucajcie do wiaderka gałązki, kijki, kawałki kory, liście, garść piasku, kamyczki – wszystko będzie dla dziecka interesujące. Kiedy nazbieracie już sporo, wysypcie wszystko na ziemię i porozmawiajcie. Który kijek jest najdłuższy, który kamyczek największy? A co jest najmniejsze? Które znalezisko jest gładkie, które szorstkie, mokre, suche? Poukładajcie wszystko na kilka sposobów, na przykład najpierw w zależności od rozmiaru, potem faktury.

Co twoje, to moje

To może być denerwujące, kiedy w parku twój synek albo córeczka ciągle przysiada koło innych maluchów i próbuje się bawić ich zabawkami. Dziecku na tym etapie rozwoju wydaje się, że może mieć wszystko, co zobaczy, pragnie dotknąć wszystkiego, co je otacza. Kilka porad, które pomogą ci rozwiązać te kłopoty:

- Spróbuj chodzić do parku ze znajomą matką i jej dzieckiem; twoja córeczka albo synek szybciej się wtedy nauczy, że należy dzielić się z towarzyszem zabawy, a nie zagarniać wszystko dla siebie.
- Zbliż się do jakiejś pani, która także przyszła do parku z dzieckiem, i przedstaw się. We dwie będzie wam łatwiej kierować zabawą waszych maluchów.
- Do parku zabieraj te zabawki, które dziecko lubi najbardziej – może się wtedy zdarzyć, że twoja córeczka albo synek pójdzie je pokazać innemu maluchowi.
- Zawiń w papier zabawkę, na którą dziecko przez jakiś czas nie zwracało uwagi, i daj ją maluchowi jako niespodziankę.

Na pewno po kilku wyprawach do parku i ty, i dziecko zawrzecie nowe przyjaźnie.

Uroczystości

Podwieczorek dla sąsiadów

Być może w twoim sąsiedztwie mieszkają inne młode mamy, tylko nie miałaś okazji ich poznać. Byłoby miło, gdybyś zaprosiła je na podwieczorek, na herbatę i ciasto. Wybierz termin i wypisz zaproszenia dla wszystkich sąsiadek mających dzieci poniżej pięciu lat. Włóż bileciki do wiszących na furtkach skrzynek pocztowych. Jeśli mieszkasz w kamienicy, możesz napisać zaproszenie „zbiorcze" i wywiesić je na klatce schodowej. Wynajmij opiekunkę, która zajmie się wszystkimi dziećmi.

W czasie podwieczorku poproś mamy, żeby zapisały na przygotowanej przez ciebie kartce swoje nazwiska, adresy, telefony, imiona i wiek dzieci. Niech napiszą także, czy miałyby ochotę na regularne spotkania i wspólne wyprawy do parku oraz zabawy. Po tym spotkaniu poślij każdej uczestniczce kopię listy. Pomyśl, jaką pomocą możecie sobie wzajemnie służyć. Niewykluczone, że z czasem zorganizujecie samopomoc sąsiedzką z prawdziwego zdarzenia – będziecie na zmianę woziły dzieci na basen, wspólnie odbywały wizyty u lekarzy, pilnowały nawzajem swoich maluchów. Dobrze mieć w pobliżu życzliwych ludzi.

Dziecko przespało całą noc

Trzeba uczcić fakt, że dziecko po raz pierwszy przespało, bez żadnej przerwy, całą noc. Następnego wieczoru po tym doniosłym wydarzeniu idźcie całą rodziną na spacer. Po zapadnięciu zmroku zaczyna się piękna, tajemnicza pora, pełna dziwnych, nieznanych dźwięków. Taka wyprawa to przygoda dla wszystkich, a szczególnie dla starszych braci i sióstr malucha. Weźcie ze sobą termos z gorącą czekoladą i koc – będziecie mogli usiąść, aby podziwiać gwiazdy. Świeże powietrze pomoże dziecku powtórzyć sukces z poprzedniej nocy – zaśnie błogo i obudzi się dopiero rano!

Słodkich snów...

Przyjęcie dla starszych dzieci

Kiedy twój maluch skończy miesiąc, zatrudnij kogoś do opieki nad nim i wydaj przyjęcie dla znajomych mających dzieci w wieku twojego starszego potomstwa; maluchy niech zostawią w domu. Baw się z dzieciakami w gry odpowiednie dla ich wieku. Całą uwagę skup na rodzeństwie twojej najmłodszej latorośli. Powiedz im, że wyprawiłaś to przyjęcie specjalnie dla nich – bo są wspaniali. Niech każdy mały gość dostanie drobny upominek. Podczas tego przyjęcia twoja uwaga powinna być skupiona na starszych dzieciach.

225

Urodziny

Dopóki dziecko nie skończy dwóch, trzech lat, najczęściej nie rozumie, co to są urodziny. Odczuje jednak radosne podniecenie, jeśli zacznie się wokół niego dziać coś niezwykłego. Możesz na przykład:

- Rano, kiedy dziecko jeszcze śpi (albo nawet w nocy), udekorować pokój dziecinny balonikami, serpentynami, konfetti.
- Włożyć do łóżeczka prezent, żeby dziecko mogło rozpakować go zaraz po przebudzeniu. Jeśli wiesz, że jeszcze sobie z tym nie poradzi, po prostu obwiąż zabawkę czy grzechotkę wstążką.
- Kupić białe prześcieradło – posłuży jako obrus w czasie przyjęcia urodzinowego. Niech wszyscy goście podpiszą się na nim wiecznym piórem. Prześcieradło można prać i używać przy kolejnych urodzinach.
- Poprosić wszystkich członków rodziny, żeby spisali rozmaite zapamiętane zdarzenia z pierwszego roku życia dziecka. Wklej te wspomnienia do specjalnego albumu.
- Podać na rodzinny obiad jakieś typowo dziecięce danie. Dziecko będzie chichotać, kiedy zobaczy, że wszyscy muszą jeść to samo, co ono jada.

Tematyczne przyjęcie urodzinowe

Dziecko jednoroczne i dwuletnie bardzo lubi bawić się z rówieśnikami – pod warunkiem że nikt nie dotyka jego misiów; ty też polubisz te zabawy – pod warunkiem że wszystkie dzieci będą miały opiekunów. Możesz urządzać dla malucha i jego kolegów przyjęcia tematyczne – wtedy wszystkie zabawy, dekoracje, dania są podporządkowane jednemu pomysłowi przewodniemu. Kilka pomysłów na zabawy pod hasłem:

Pociągi, ciężarówki, autobusy albo samoloty: udekoruj pokój dziecięcymi samochodzikami, ciężarówkami. Z pudełek po butach zrób pociąg, rozdaj dzieciom czapki konduktorskie i niech bawią się w pracowników kolei. Możesz także upiec ciasto przypominające kształtem kierownicę.

Piłki: wymyśl najrozmaitsze zabawy z piłkami. Na jednej z piłek napisz: „przyjęcie urodzinowe (imię dziecka)", i daj ją synkowi lub córeczce.

Lalki: poproś wszystkie dzieci, żeby przyniosły swoje lalki, i przygotuj miniaturowy podwieczorek. Podaj kanapeczki – w sam raz dla lalek – i herbatę w malutkich filiżankach. Daj każdemu dziecku w prezencie jakąś część lalczynego ubranka. Upiecz babę z ciasta i w środek wetknij Barbie. Udekoruj ciasto tak, żeby przypominało spódnicę.

Klocki: wymyśl różne zabawy z klockami. Z pudeł zbuduj warownię albo tor wyścigowy – dzieci będą się tam świetnie bawić. Nawet ciasto możesz podzielić na kawałki przypominające klocki, odpowiednio polukrować i poukładać jedne na drugich.

Paczka do przesuwania

Przygotuj:
słodycze, drobne upominki, papier do pakowania, kasetę albo płytę ze znaną dzieciom muzyką.

Dzieci, niezależnie od wieku, bardzo lubią tę zabawę, pasującą do rozmaitych okazji. Zawiń w papier jeden upominek albo paczkę słodyczy, na pakunku połóż następny prezent i też owiń. Połóż w ten sposób, jedne na drugich, wszystkie słodycze i prezenty, tak żeby powstała jedna duża paczka. Niech wszyscy usiądą kołem (najmłodsze dzieci rodzice mogą trzymać na kolanach). Ktoś, kto pełni funkcję DJ-a włącza muzykę. Przekazujcie sobie po kolei paczkę (suwając ją po podłodze). Po pierwszej rundce DJ wyłącza muzykę, a dziecko, które właśnie trzyma paczkę, odpakowuje pierwszą warstwę – to, co tam znajdzie, będzie prezentem dla niego. Pamiętaj, że każdy powinien dostać przynajmniej jeden upominek.

228

Giełda dziecięcych rzeczy używanych

Zaproś wszystkich znajomych, sąsiadów i urządźcie giełdę – niech każdy przyniesie na wymianę nieużywane już dziecięce ubranka, książki, zabawki, koce, łóżeczka, mebelki itd. Maluchy wciąż potrzebują nowych rzeczy, więc taniej będzie wymieniać się, niż kupować wszystko nowe. Możesz też przygotować kartkę na listę „pożyczkową"; niech uczestnicy giełdy wpisują tam przedmioty (na przykład huśtawki czy krzesełka dziecięce), które teraz nie są im potrzebne, ale które kiedyś chcieliby odzyskać. Jeśli masz ochotę uatrakcyjnić spotkanie, zabawcie się w aukcję; przy drzwiach wręczaj gościom żetony – ich wartość powinna zależeć od tego, jak cenne są rzeczy, które przynieśli.

Pudełko na podziękowania

Przygotuj:
pudełko po butach, farby, kolorowy papier, flamastry, kalkomanie.

Ładnie pomaluj i oklej pudełko. Potem w przykrywce wytnij szczelinę – tak dużą, żeby można było przez nią wsuwać złożone kartki. Obok pudełka połóż kawałki papieru i pióro. Zapisuj na nich wszystkie miłe i dobre rzeczy, jakie cię spotkały, i wkładaj do pudełka. Niech to samo zrobią wszyscy członkowie rodziny. Możesz też sporządzać notatki w imieniu dziecka, na przykład: „Jak to fajnie, że wolno mi już jeść nie tylko papki". Zapisujcie najdrobniejsze nawet przyjemne zdarzenia. W jakimś wolnym dniu urządźcie sobie uroczystość: przeczytajcie wszystkie złożone w pudełku kartki. Miłe wspomnienia wywołają uśmiechy na wszystkich twarzach.

Zimowy piknik

Kiedy pewnego zimowego dnia zauważysz, że twoja rodzina ma już zupełnie dosyć siedzenia w domu, urządź domowy piknik. W największym pokoju rozłóż na podłodze duży obrus i ustaw na nim przekąski. W czasie pikniku wspominajcie miłe zdarzenia z ostatniego lata. Najmłodszemu dziecku spodoba się taki posiłek – wszystkich, których kocha, będzie przecież miało na wysokości oczu. Może piknik tak bardzo przypadnie wam do gustu, że zechcecie urządzać podobny co tydzień!

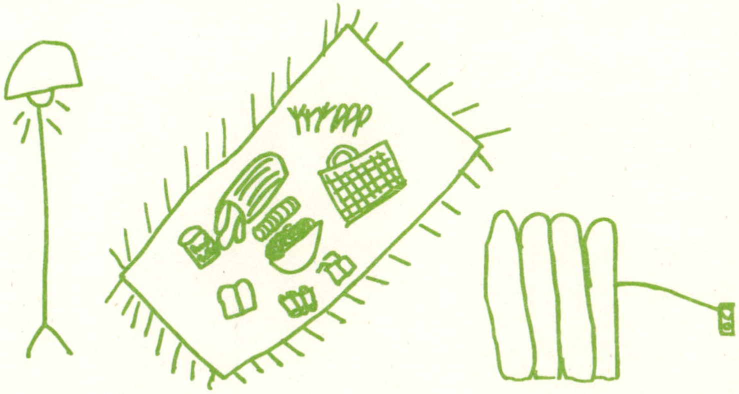

Dalej, pośpiewajmy

Przygotuj:
płytę z muzyką, którą dziecko słyszało już wiele razy, kartki ze słowami piosenek, „instrumenty" – dzwoneczki, prowizoryczny bębenek lub tamburyn.

Usiądźcie wokół stołu, a malucha umieśćcie w wysokim krzesełku albo siądźcie kołem na podłodze – chodzi o to, żeby dziecko dokładnie was wszystkich widziało. Włącz taśmę i zacznijcie cicho wtórować płycie. Kiedy dziecko się zaśmieje, weźcie instrumenty, wymachujcie do taktu rękami, klaszczcie. Maluch będzie zachwycony, że bawicie się wszyscy razem.

Ranek Bożego Narodzenia

Wprowadź tę tradycję już podczas pierwszego dla dziecka Bożego Narodzenia, a będziesz miała w przyszłości szansę pospać tego uroczystego dnia aż do siódmej rano zamiast do piątej! Napełnij skarpetę drobnymi upominkami, którymi maluch będzie się umiał bawić sam. Kiedy obudzi się o świcie, na pewno zainteresuje go na dłużej zawartość skarpety. Możesz robić to samo w dniu jego urodzin. Te niespodzianki sprawią przyjemność wam obojgu, a po latach staną się wspaniałym wspomnieniem!

Tacy byliśmy

Zróbcie przyjęcie dla przyjaciół, którzy też mają dzieci. Poproście, żeby każdy przyniósł dziesięć swoich zdjęć z czasów jeszcze „sprzed dzieci". Obejrzyjcie je starannie, aby przypomnieć sobie albo dowiedzieć się, jacy byliście przed laty. Potem możecie zagrać w „Rodzinne sekrety". Jedna z żon wychodzi z pokoju, a jej mąż odpowiada na dziesięć pytań, które zadaje mu reszta uczestników przyjęcia. Żona po powrocie usiłuje zgadnąć, co mówił jej małżonek. Wygrywa para, która udzieli najwięcej zgodnych odpowiedzi. Oto kilka takich pytań: „Gdzie i kiedy całowaliście się pierwszy raz?", „Jakiego koloru jest szlafrok twojej żony?", „Jakie było najdziwniejsze miejsce, w którym się kochaliście?", „Kto był twoim najlepszym przyjacielem w szkole?", „Co lubisz robić najbardziej?", „Jak sobie wyobrażasz randkę doskonałą?". Wykażcie inwencję w wymyślaniu pytań i bawcie się dobrze!

233

Idzie wiosna

W piątkowy albo sobotni wieczór przygotuj dla wszystkich członków rodziny pudełka ze śniadaniem; włóż do nich kartoniki z sokami albo mlekiem, bułeczki, jajka na twardo. Do każdego pudełka wsuń też karteczkę z paroma miłymi słowami. Zanim rodzina wstanie, schowaj pudełka w ogrodzie lub w domu. Na stole w kuchni zostaw kartkę z wiadomością, że wszyscy głodni członkowie rodziny muszą poszukać sobie śniadań. Jeśli dzieci nie umieją jeszcze czytać, poczekaj na rodzinę w kuchni i wyjaśnij, o co chodzi. Pochowaj też paczuszki z nasionami kwiatów i jarzyn. Kiedy wszyscy znajdą już swoje pudełka, zjedzcie razem śniadanie, a potem posiejcie wytropione przez rodzinę nasiona – w ogrodzie, w doniczkach, na balkonie.

Usłużni mężowie

Dobra, tato, pora, żebyś zorganizował dla żony specjalne przyjęcie. Zaproś kilka zaprzyjaźnionych par, wcześniej, wspólnie z innymi mężami, ustal plan spotkania. Weźcie dziesięć karteczek, na każdej wypiszcie jedną z przyjemności, jakie chcecie zaproponować swoim żonom: masaż stóp lub pleców, spacer po ogrodzie, taniec, recytację wiersza. Wrzućcie kartki do kapelusza, niech panie losują. Każdy z was musi podporządkować się kaprysowi przeznaczenia. Oczywiście, to wy przygotujecie też kolację, posprzątacie po przyjęciu, one zaś będą sobie tylko siedzieć, odpoczywać i rozmawiać. Panowie, naprawdę warto się wysilić – wasze żony nie zapomną o tym wieczorze do końca życia!

Gdy rodzina się powiększy...

Punkt widzenia

Wasze mieszkanie nie wygląda już tak jak dawniej, wszędzie bałagan, a pod nogami poniewierają się zabawki, prawda? Cóż, nikt jeszcze nie wpadł na pomysł, jak utrzymać porządek w domu, w którym jest małe dziecko – pozostaje ci więc tylko zmiana punktu widzenia! Usiądź z mężem i porozmawiajcie o tym, co każde z was czuje w nowej sytuacji. Jeżeli macie odpowiednie warunki, wyznaczcie jakieś miejsce, w którym dziecko będzie się bawić i gdzie będą trzymane jego zabawki. Usuńcie stamtąd wszystko, co mogłoby być dla malucha niebezpieczne, i to, co mógłby zniszczyć. Ale uprzedzamy, i tak – jakby za sprawą czarów – będziecie natykać się na zabawki waszego dziecka w każdym pokoju. Jeśli oboje pogodzicie się ze stanem rzeczy, uświadomicie sobie, że za jakiś czas sytuacja się polepszy, poprawią wam się nastroje i przestaniecie zmagać się z tym, co nieuniknione.

Dziennik rodzinny

W widocznym miejscu połóż zeszyt w twardej okładce, przypominający książkę. Zachęć rodzinę, żeby regularnie wpisywała się do tego tomu. W rodzinnym dzienniku można notować codzienne zdarzenia albo tylko te wyjątkowe. Młodsze dzieci niech dyktują starszym to, co chciałyby napisać. Najmłodsze, które jeszcze nie mówi, też pojawi się w dzienniku; wklejaj tam co tydzień jego nowe zdjęcia i notuj, czego zdołało się nauczyć. Dziennik rodzinny może stać się prawdziwym pamiętnikiem waszej rodziny. Goście niech zostawiają w nim swoje autografy i krótkie opisy przebiegu wizyty, dzieci – listy prezentów, jakie chciałyby dostać na Gwiazdkę albo na urodziny, dołączcie do dziennika taśmę z pierwszym słowem wypowiedzianym przez najmłodszego członka rodziny, wklejajcie tam szkolne rysunki dzieci. Zapewniamy was, że z czasem dziennik stanie się jednym z najcenniejszych rodzinnych skarbów.

Doskonała niedoskonałość

Każdy chciałby być z siebie zadowolony; w rodzinie wszyscy powinni sobie nawzajem pomagać w osiągnięciu dobrego samopoczucia. Nie popełniaj błędu, nie czekaj z pochwałami, aż ktoś z twoich bliskich dokona czegoś nadzwyczajnego. Już dziś pochwal dziecko albo męża za starania, powiedz, że jesteś z nich dumna. Pomyśl przez chwilę o tym, czego sama dokonałaś w życiu. Chociaż nie osiągnęłaś doskonałości, jesteś przecież z siebie całkiem zadowolona. Zwracaj uwagę na pozytywne cechy i dobre chęci członków rodziny – dzięki temu we wszystkich umocni się poczucie własnej wartości. Przez dwa tygodnie codziennie chwal swoich najbliższych, a zobaczysz, jak zmieni się atmosfera w domu.

Pocztówki do dziecka

Po urodzeniu dziecka napisz do rodziny, przyjaciół; poproś, żeby przysyłali dziecku pocztówki z widokami miejsc, w których mieszkają, i paroma słowami skierowanymi do malucha. Wkładaj te pocztówki do albumu na zdjęcia. Zawsze kiedy przyjdzie jakaś nowa kartka, opowiadaj dziecku o osobie, która ją wysłała. Aby kolekcja się rozwijała, stale zachęcaj wszystkich w listach, żeby wysyłali do dziecka pocztówki z ciekawymi widokami, na przykład z podróży.

Nauka współodczuwania

Jeśli chcesz nauczyć dziecko życzliwości i współczucia wobec ludzi, musisz stać się dla niego przykładem. Kiedy zobaczy, jak starasz się pomagać ludziom, jaka jesteś dla nich uprzejma, uwierzy, że tylko takie postępowanie jest właściwe.

Parę rad:

- W sklepie przepuść w kolejce starszą panią lub pana albo kogoś, kto wyraźnie się spieszy.
- Pomóż osobie obładowanej zakupami donieść je do samochodu.
- W restauracji czy w samolocie pomóż samotnemu rodzicowi z małym dzieckiem – może na przykład chcieć iść do toalety, ale nie ma z kim zostawić malucha.
- Ugotuj obiad chorej sąsiadce.
- Kiedy kłaniasz się znajomym, zawsze się uśmiechaj.
- Daj kilka groszy żebrakowi.
- Nigdy nie mów nic złego o ludziach, którzy różnią się czymś od innych.

Kim jesteś?

Dzieci, niezależnie od wieku, chcą wiedzieć, jakim jesteś człowiekiem. Bywa, że rodzice są tak pochłonięci pracą i opieką nad rodziną, iż dzieci nie mają szans się zorientować, kim w istocie są ci, których nazywają tatą i mamą. Nie zwlekaj, zacznij od razu opowiadać maluchowi, co zdarzyło się w pracy, czyjś żart albo zabawną historyjkę, którą dziś usłyszałaś, podziel się przemyśleniami na temat dobrej książki lub filmu, ludzi, których spotkałaś itp. Nawet jeżeli dziecko jeszcze niewiele rozumie, przyzwyczai się do twoich opowieści; dzięki nim wytworzy się między wami głęboka więź, która zaowocuje w przyszłości.

Dobre rady:

Kiedyś przeczytałam artykuł, w którym radzono, żeby matka, odbierając dziecko ze szkoły, nie zamęczała go milionem pytań o to, jak mu poszło, tylko opowiedziała, co jej samej ciekawego albo dziwnego się przydarzyło. Rozmowa pochłonie i matkę, i syna czy córkę, w dodatku dziecko nie będzie się obawiało, że – jak zwykle – zasypiesz je natrętnymi pytaniami. Ta metoda się sprawdza, spróbujcie sami!

Nina Nielsen, Woodside

Słodkie nieróbstwo

Co miesiąc zróbcie sobie dzień leniuchowania. Niech wszyscy będą zwolnieni z codziennych obowiązków. Nie sprzątajcie, zajmijcie się tym, na co macie ochotę. Wieczorem możecie całą rodziną iść do restauracji. Oczywiście przy niemowlęciu trzeba wykonać niezbędne zabiegi, ale wyeliminuj tyle obowiązków, ile się da. Zobaczysz, dzień słodkiego nieróbstwa stanie się jedną z waszych ulubionych tradycji rodzinnych, w dodatku dzieci, w dużej mierze puszczone samopas, będą się tego dnia uczyły odpowiedzialności za siebie.

List miłosny

Kiedy w domu pojawia się niemowlę, ty i twój mąż macie mniej czasu dla siebie, rzadziej trafia się okazja, byście mogli okazać sobie miłość. Nie czekaj więc na walentynki, od razu napisz list miłosny do męża. Większość z nas czuje się niezręcznie, kiedy ma poczynić wyznania, ale jeśli sami dostaniemy list miłosny, jesteśmy nadzwyczajnie szczęśliwi i czytamy go w kółko! List to najlepszy sposób, żeby wyznać wszystko, co wstydziłabyś się powiedzieć. Dla zabawy dołącz do listu obietnicę ofiarowania prezentu – narysuj, jak będzie wyglądał. Wykaż inwencję, nie pozwól, żeby romantyzm waszego związku zagubił się w kieracie codzienności!

Nowe tradycje

Tradycja rodzinna – coś miłego, co od czasu do czasu robicie razem. Tradycje takie owocują narodzinami mocniejszych więzi pomiędzy członkami rodziny. Już dziś możecie do dawnych dołączyć nowe. Zróbcie listę tradycji, które chcecie kontynuować, i spróbujcie wymyślić kolejne.

Kilka pomysłów:

- dzień poświęcony grom
- wieczór pisania listów
- cotygodniowa rodzinna kolacja
- spotkania całej rodziny
- wspólna zabawa po kolacji
- rodzinna sobotnia wycieczka raz w miesiącu
- opowiastka na dobranoc.

Porządnie się zastanówcie i ułóżcie własną listę. Wybierzcie jedną z propozycji, sprawdźcie ją w praktyce i jeśli wszystkim się spodoba, zróbcie to jeszcze raz. Tradycja narodzi się wtedy, kiedy cała rodzina zacznie się domagać, żeby zdarzało się to jak najczęściej.

Na ścieżkach przeszłości

Znajdź trochę czasu na wspominki, podziel się nimi z mężem albo z całą rodziną. Obejrzyjcie domowe filmy, zajrzyjcie do albumów ze zdjęciami. Dzieci mogą opowiadać, co zapamiętały, dorośli niech uzupełniają ich wspomnienia. Te chwile, kiedy siadamy wszyscy razem, żeby przypomnieć sobie zdarzenia z przeszłości, umacniają łączące nas więzi i budują w każdym z nas poczucie bezpieczeństwa.

Dobre rady:

Proszę was, podpisujcie i opatrujcie datą każde dziecięce zdjęcie. Wierzcie lub nie, ale pamięć jest zawodna i jeśli macie więcej niż jedno dziecko, może dojść do tego, że nie będziecie wiedzieli, kogo i w jakiej sytuacji przedstawia fotografia.

Sandy Welsh, Golesburg

246

Niespodzianka

To fantastyczne – zrobić komuś niespodziankę; równie fantastyczne jak być tym, dla kogo niespodziankę przyszykowano! Zrób więc przyjemną niespodziankę swojemu partnerowi.

Parę propozycji:

- Załatw opiekę nad dzieckiem i wybierzcie się razem na kolację do restauracji, do kina, na tańce itd.
- Kup, bez żadnej okazji, mały prezent i połóż mu go wieczorem na poduszce.
- Zaproś przyjaciela swojego partnera, przygotuj dobre przekąski i zostaw ich samych, żeby mogli się nagadać.
- Zarezerwuj pokój w hotelu i przekaż partnerowi wiadomość, że czekasz tam na niego.

Posłuż się wyobraźnią! Wiesz, co twój partner lubi, więc od czasu do czasu zaskocz go przyjemną niespodzianką. Dobrze to zrobi wam obojgu.

Półgodzinna rozmowa

Gwarantujemy, że jeśli skorzystasz z naszej propozycji, twoje małżeństwo stanie się lepsze – nawet jeśli już jest wspaniałe! Zobaczysz, jak będziecie z niecierpliwością czekać na te chwile. Wybierz porę, która odpowiada i tobie, i partnerowi; niech to będzie stała godzina waszej codziennej randki. Nastaw minutnik – teraz jedno z was będzie przez kwadrans opowiadało wszystko, co ma ochotę opowiedzieć: o pracy, minionym dniu, kłopotach, o dzieciach, znajomych, o swoim hobby. To drugie niech tylko słucha. Po piętnastu minutach czas na zmianę. W ten sposób każde z was będzie miało kwadrans, żeby wygadać się do woli.

Domowe filmy

Nie musicie mieć profesjonalnej kamery, wystarczy, że użyjesz tej w telefonie komórkowym lub aparacie. Zwerbuj asystenta do pomocy. Zdecyduj, jakie sceny z waszego codziennego życia chcesz nakręcić, i przygotuj niezbędne rekwizyty. Uwiecznij też jeden dzień z życia twojego dziecka. Włącz kamerę wcześnie rano, kiedy maluch jeszcze śpi, sfilmuj, jak się budzi, jak jest ubierany, kręć w czasie jedzenia, zabawy, jazdy samochodem, raczkowania, siedzenia w wózku. Niech na nagraniu towarzyszą dziecku rodzeństwo, przyjaciele. Wyłącz kamerę dopiero wieczorem, po kąpieli, kiedy maluch już zaśnie. Od czasu do czasu przekaż aparat asystentowi, żebyś i ty mogła się znaleźć w filmie! Co pół roku kręć takie sceny – kiedy dziecko podrośnie, bardzo chętnie obejrzy te filmy, a gdy samo już doczeka się dzieci – one też będą zachwycone!

Rozrywkowa randka

Dorośli często zapominają, co to jest zabawa. Tyle czasu zabiera nam praca, opieka nad dziećmi, kłopoty finansowe, borykanie się z rozmaitymi innymi problemami, że nie mamy kiedy się rozerwać. A zabawa to rzecz wcale nie błaha – podtrzymuje nas na duchu i przypomina, że życie nie jest tylko harówką. Wyznacz dzień, w którym pozwolisz sobie na rozrywki. Idź z partnerem do kręgielni, do pubu ze stołem bilardowym, na basen. Śmiejcie się razem, wygłupiajcie, wyobrażajcie sobie różne rzeczy, dzielcie się marzeniami. Co tydzień przeznaczcie jeden wieczór na zabawę w domu; możecie grać w karty, w zgadywanki – we wszystko, co tylko lubicie. Najważniejsze, żebyście się dobrze ze sobą bawili!

Wagary

Wagary od czasu do czasu mają na nas bardzo pozytywny wpływ. Zadzwoń do pracy i zwolnij się na jeden dzień – poświęć go na przyjemności. W porze, kiedy wszyscy pracują albo się uczą, atrakcyjne, zwykle zatłoczone miejsca są stosunkowo puste. Zaproponuj dziadkom, żeby przyłączyli się do ciebie.

Dobre rady:

Pamiętam dzień, w którym mama weszła rano do mojego pokoju i zapytała, czy nie wolałabym wybrać się z nią na narty, zamiast iść do szkoły. Czułam się tak szczęśliwa, jakby to były urodziny lub inne święto.

Yvonne A., Ann Arbor

Macierzyństwo

Kim jest matka?

Nikt nie zdoła zastąpić matki w sercu dziecka. Jeśli czytasz tę książkę, to znaczy, że masz malucha, który wymaga twojej opieki. Czy kiedykolwiek pomyślałaś, jak wspaniale jest być matką? Co oznacza dla ciebie to słowo? Czego nauczyłaś się od swojej matki i które z jej nauk chcesz przekazać swoim dzieciom? Czego oczekiwałaś od mamy? O czym, jako matka, marzysz? Kim jesteś dla swojego dziecka? Poświęć piętnaście minut na zastanowienie się i napisz, co dla ciebie znaczy macierzyństwo.

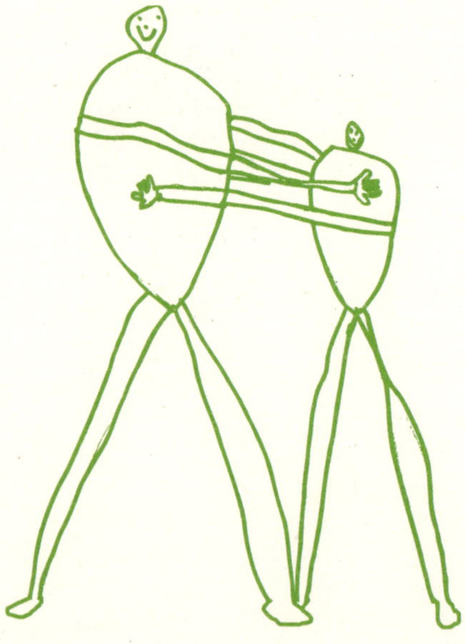

Herbatka dla siebie

Codziennie pozwól sobie na odpoczynek od wszystkiego. Przygotuj filiżankę gorącej kawy albo herbaty, wyłącz telefon i odpręż się. Możesz poczytać gazetę, a możesz po prostu zamknąć oczy i pomarzyć. Nie ruszaj się przynajmniej przez kwadrans, choćby się waliło i paliło!

Dobre rady:

Ktoś zwrócił mi uwagę na cytat z Williama Lyonsa Phelpsa*, który wydaje mi się bardzo mądry: „Prawdziwe szczęście nie zależy od świata zewnętrznego. Jego źródło bije w nas samych. Trwałe szczęście rodzi się dzięki naszym własnym myślom i uczuciom".

Liliana Kochanek, Hendersonville

* Profesor wykładający w latach trzydziestych literaturę angielską na uniwersytecie w Yale (przyp. tłum.).

Wyrzec się kontroli

Jeśli matka ma mieć trochę czasu dla siebie, inni muszą jej pomóc. Oznacza to, że nie wszystko będzie zrobione tak, jak mama by sobie życzyła. Niedbale zwinięte po praniu ubrania mogą wylądować na niewłaściwych półkach, przeładowana zmywarka może odmówić posłuszeństwa, a kluski mogą okazać się rozgotowane. Ćwicz cierpliwość i umiejętność powstrzymywania się od interwencji. Pozwól przez tydzień mężowi, matce, gosposi robić wszystko po swojemu. Siedź po prostu spokojnie i napawaj się świadomością, że TY nic nie musisz robić!

253

Plakat z marzeniami

Przygotuj:
stare pisma kolorowe, nożyczki, klej, karton.

Któregoś wieczoru skomponuj plakat złożony z twoich marzeń. Przejrzyj pisma, poszukaj ilustracji, które kojarzą ci się z własnymi oczekiwaniami: na przykład zdjęcie obejmującej się pary będzie znaczyło, że potrzeba ci więcej czułości, obrazek ukazujący niemowlę – że chcesz mieć dziecko itd. Powieś plakat tam, gdzie często będziesz mogła na niego spoglądać, na przykład na drzwiach do łazienki albo szafy z twoimi ubraniami. Intensywne rozmyślania o własnych marzeniach pobudzają i inspirują.

Pisz kartki

255

Przygotuj:
rozmaite pocztówki, kalendarz, ładne znaczki pocztowe, pudło albo kosz.

Jeśli wcześniej zgromadzi się wszystko, co trzeba, utrzymywanie korespondencji nie zabiera wiele czasu. Pewnie wydaje ci się, że skoro nie masz kiedy wysmażyć epistoły wtajemniczającej rodzinę albo przyjaciół we wszystkie szczegóły twojego życia, to nie warto pisać wcale. Nie masz racji. Każdy lubi dostawać pocztę, nie tylko listy, ale i pocztówki. Raz w tygodniu usiądź i napisz kilka kartek. Notuj w kalendarzu, do kogo wysłałaś pocztówkę i kiedy. Dzięki tym drobnym wysiłkom utrzymasz kontakt z ludźmi, na których ci zależy i którym zależy na tobie.

Wzór do naśladowania

Kiedyś starsze i bogatsze w doświadczenia kobiety dzieliły się swoją wiedzą z młodymi matkami. Dziś coraz rzadziej się zdarza, żeby kilkupokoleniowa rodzina żyła pod jednym dachem, krewni zazwyczaj mieszkają daleko, więc kobiety, które niedawno urodziły dziecko, są w dużej mierze zdane na siebie. Ale pośród znajomych i przyjaciół na pewno znajdzie się osoba, którą darzysz szczególnym szacunkiem. Zastanów się, którą ze znanych ci kobiet podziwiasz. Czy starczy ci śmiałości, aby poprosić ją o rozmowę na temat twoich kłopotów? Bliski kontakt z bardziej doświadczoną osobą, którą w dodatku szanujesz, może nauczyć cię bardzo wiele. A więc powiedz tej kobiecie, że jest dla ciebie autorytetem, że ją podziwiasz, i spytaj, czy zechciałaby służyć ci radami. Nie ma większego komplementu niż takie wyznanie, zatem – odwagi!

Trochę rozrywki

257

Młoda mama musi znaleźć chwilę dla siebie, inaczej ogarnie ją zniechęcenie i poczucie beznadziejności. Zapomnij, że ledwo starcza ci czasu na umycie zębów; spisz wszystko, co lubisz robić. Tak prosta i niewinna rozrywka, jak półgodzinna rozmowa telefoniczna z przyjaciółką, już wystarczy, by mama poczuła się lepiej! Listę powieś tam, gdzie będziesz musiała często na nią spoglądać. A teraz najtrudniejsze: codziennie pozwól sobie na realizację jakiegoś punktu z tego spisu. Nie dopuszczaj do głosu poczucia winy. Dzieci będą cię cenić za to, że masz poczucie własnej wartości, że dbasz o siebie; dzięki temu nauczą się też szanować własne potrzeby. Wszyscy skorzystają, więc rozerwij się trochę!

Odlotowe sprzątanie

Codziennie, nawet jeśli ci się nie chce, musisz zrobić porządki. Spróbuj przemienić sprzątanie w przyjemność. Załóż tenisówki i strój gimnastyczny, puść muzykę. Kiedy się schylisz, żeby coś podnieść, zrób przy okazji dwadzieścia skłonów. Przebiegnij z pokoju do pokoju, podskakuj w rytm muzyki, wykonuj najrozmaitsze ćwiczenia. Kiedy wkładasz ubrania do szaf, wymachuj nogami jak tancerka. Niech muzyka głośno gra, a ty ruszaj się energicznie, tańcz, oddychaj głęboko. Wcześniej zaplanuj, ile czasu poświęcisz na porządki, i nie przedłużaj sprzątania. Następnego dnia przecież też możesz potańczyć!

259

Uczcie się razem

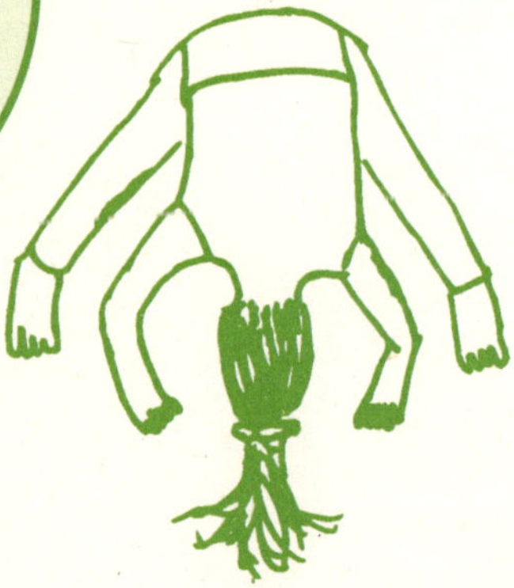

Spisz nazwiska wszystkich młodych matek, które znasz ze szkoły rodzenia, ze szpitala, z osiedla. Zastanów się, czego chciałabyś się nauczyć: może udzielania pierwszej pomocy, masażu, podstaw pracy z komputerem, a może ćwiczeń jogi. Wynajmij nauczyciela i zaproś inne matki na kurs. Jeśli się okaże, że nie dasz rady sama finansować całej imprezy, zaznacz w zaproszeniach, że kosztami będziecie się dzielić. Nie martw się, na pewno inne mamy nie będą miały nic przeciwko temu; skoro ty zechciałaś nauczyć się czegoś nowego, to pewnie i one się tym zainteresują. Możecie także do spółki wynająć kogoś do opieki nad dziećmi. Podczas spotkania podaj kawę, herbatę, soki i proste przekąski – ciasteczka, słodkie bułeczki, chrupki. Jeśli wszystko pójdzie dobrze, może zechcecie nauczyć się czegoś jeszcze. Namów którąś z pań, żeby zorganizowała następne spotkanie. Kto wie, a może zaczniecie spotykać się co miesiąc?

Dom w kwiatach

Dzięki kwiatom dom się ożywia, napełnia barwami i szczęściem. Kwiaty poprawiają nastrój! Jeśli masz ogródek albo działkę, często zrywaj je i przynoś do domu, jeśli nie, co jakiś czas kupuj kwiaty na pobliskim targu lub u ulicznych sprzedawców. Gdybyś akurat miała kłopoty finansowe, wystarczy, że w wazonach poukładasz piękne gałęzie. Często spoglądaj na kwiaty, stawiaj je w coraz to nowych miejscach, dbaj o nie, wyrzucaj przywiędłe. Każdy wysiłek, jaki podejmujesz, aby uczynić codzienne życie milszym, dowodzi, że cenisz siebie wysoko, więc nie szkoda ci czasu na sprawienie sobie przyjemności.

Dobre rady:

Kiedy masz w kieszeni tylko dwie drobne monety, za jedną kup bochenek chleba, a za drugą lilię*.

* Chińskie przysłowie.

261

Album na najwspanialsze zdjęcia

Często, kiedy oglądamy dopiero co zrobione zdjęcia, jedna z fotografii szczególnie przykuwa naszą uwagę. Może to być zdjęcie przedstawiające dziecko, wspaniały krajobraz czy scenę z niezapomnianej uroczystości. Kup piękny album (ładniejszy niż te, w których trzymasz „zwykłe" fotografie) i wkładaj tam te najwspanialsze zdjęcia. Dzięki temu nie będziesz musiała godzinami przeszukiwać albumów i stosów odbitek w poszukiwaniu ulubionych fotografii. Wypełnienie albumu najwspanialszymi zdjęciami zapewne potrwa lata, ale warto się potrudzić. Stanie się on jedną z waszych najcenniejszych pamiątek rodzinnych.

Grunt to organizacja

Kiedy ma się małe dzieci, przestrzeganie ustalonego wcześniej harmonogramu bardzo ułatwia życie! Co miesiąc zrób coś, co nie należy do codziennych obowiązków; zacznij na przykład od gruntownych porządków w szafach. Przymierz wszystkie ubrania, żeby sprawdzić, czy nadają się jeszcze do noszenia. Wreszcie pozbądź się rzeczy, których nie zakładałaś od lat. Kupuj dodatki dopasowane kolorystycznie do ubrań, które już masz. Dzięki temu będziesz zawsze elegancka, no i zaoszczędzisz pieniądze na kolejną torbę albo pasek! Jeśli jest wiosna, spakuj zimowe ubrania do pudeł, do każdego włóż wonne mydełko, żeby rzeczy ładnie pachniały. Takie wielkie porządki w szafach rób co najmniej dwa razy w roku. Żeby zaoszczędzić trochę czasu, także co pół roku kupuj zapas bielizny i rajstop czy pończoch. Kiedy dziecko śpi, przeglądaj katalogi firm wysyłkowych, może znajdziesz coś interesującego. Co miesiąc poświęć jeden dzień na takie zajęcia, nie należące do codziennych obowiązków. Przez resztę miesiąca nie rób sobie wymówek, że próżnujesz – przecież trzymasz się planu.

Piękna mama

Młode mamy mają zwykle na uczesanie się i zrobienie makijażu niecały kwadrans, prawda? Warto włożyć trochę wysiłku, żeby mimo to ładnie wyglądać. Jeśli myślisz, że to bez sensu, bo i tak nikt cię nie widzi, mylisz się. Ty siebie widzisz, a to jest najważniejsze! Zaniedbana kobieta zwykle źle o sobie myśli – a przecież nawet w dresie możesz wyglądać atrakcyjnie. Idź do kosmetyczki i poproś, żeby nauczyła cię dobrego makijażu, który można wykonać w ciągu siedmiu minut. Przynieś swoje kosmetyki, żebyś nie musiała kupować od niej tych, których użyłaby w innym wypadku. Idź też do fryzjera i ostrzyż włosy tak, żebyś potem mogła je ułożyć w ciągu niecałych dziesięciu minut. Zobaczysz, jak się sobie spodobasz po tych zmianach!

264

Weekendowa ucieczka

Musisz od czasu do czasu odpocząć od domu, sama albo z partnerem. Słowo „wakacje” pochodzi z łaciny – od *vacatio*, które ma trzy znaczenia: „uwolnienie”, „urlop”, „okup od służby”. Wynajmij na dwa dni pokój w hotelu albo zajeździe niedaleko od domu. Zamawiaj jedzenie do pokoju, wypoczywaj, wyobrażaj sobie, że jesteś w odległym, egzotycznym kraju. Po tych dwóch dniach wrócisz do rodziny wypoczęta i znów pełna energii.

Czas na tatę

W świecie dziecka

Jeśli jesteś ciężko pracującym tatą, który nie ma dla dziecka tyle czasu, ile by chciał, skorzystaj z naszej propozycji. Codziennie spędzaj z maluchem przynajmniej pół godziny; niczego nie planuj, po prostu bądź przy nim. Rób wszystko to, co dziecko; jeśli raczkuje, raczkuj za nim, jeżeli gaworzy, odpowiadaj gaworzeniem, gdy wydaje ci się, że podśpiewuje, klaszcz do rytmu. Jak wygląda otoczenie widziane oczami dziecka, z podłogi? Pozwól maluchowi, żeby wprowadził cię w swój świat. Dla was obojga będzie to wspaniałe doświadczenie. Starszym dzieciakom też postaraj się poświęcić jak najwięcej uwagi. Jeśli będziesz spędzał z nimi codziennie choćby pół godziny aż do czasu, kiedy dorosną i wyprowadzą się z domu, wspaniale je obdarujesz – swoim zainteresowaniem!

Kim jest ojciec?

Poświęć trochę czasu i pomyśl o swoim ojcu: o jego sile i słabościach, chwilach, które razem spędziliście, o tym, czego cię nauczył. A jakim ojcem ty chciałbyś być? Spisz na kartce swoje ojcowskie plany. Kim chciałbyś stać się dla swojego dziecka? Czego chcesz je nauczyć? W jaki sposób codziennie okażesz mu miłość i zainteresowanie?

Dobre rady:

Mój ojciec najbardziej się cieszył, kiedy w prezencie posyłałem mu zakładki do książek zrobione ze zdjęć jego wnuków (dawałem te fotografie do laminowania).

Brennan T., Lake Tahoe

Tatusiowie

Postaraj się zaprzyjaźnić z innym młodym tatą, może to być ktoś z pracy, z siłowni, spotkany w parku – gdziekolwiek, po prostu tam, gdzie bywasz. Ojcowie też potrzebują wsparcia; ich życie się zmienia, muszą nauczyć się nowych ról. Kiedy zaprzyjaźnisz się z którymś z nich, będziecie dzielić się doświadczeniami, razem powędrujecie tą nieznaną drogą. Urządzajcie wspólne wycieczki do parku, do zoo, nad wodę; rozmawiajcie o dzieciach i o swoich nowych doznaniach.

Dobre rady:

Kiedy zabieram dzieciaki na jakąś imprezę, gdzie miejsca są numerowane, po wejściu przedarte bilety przypinam im do koszulek. Jeśli by się zgubiły, to woźny albo bileter wiedziałby dzięki temu, dokąd je odprowadzić.

Dennis P., Boulder

Matka i żona

Kobieta, z którą jesteś, gra trzy role: żony, matki i kochanki. Pomyśl przez chwilę, jaka jest w każdej z tych ról. Czy wspierasz ją na równi jako matkę, żonę i kochankę, czy też szczególnie bliskie ci jest jedno z jej wcieleń? Czy w każdej z ról może liczyć na twoje zainteresowanie? Czy mówisz jej, czego potrzebujesz od żony, czego od matki waszego dziecka, a czego od kochanki? Jeszcze dziś powiedz jej, że zawsze jest wspaniała i że kochasz ją tak samo w każdej z ról.

Przenieś się w świat fantazji

Jakie prowadziłbyś życie, gdybyś był panem zamku? Co byś zrobił, gdybyś był prezydentem? Jak byś się czuł, gdybyś w jakiejś dziedzinie był najlepszy na świecie? Jak rozdysponowałbyś milion dolarów? Spisz swoje odpowiedzi. Kiedy wyobrazisz sobie, że jesteś człowiekiem bogatym, szczęśliwym, cieszącym się doskonałym zdrowiem, na napewno poprawi ci się humor. Sam widzisz, że naprawdę warto czasem zapomnieć o rzeczywistości i przenieść się w świat fantazji.

Dobre rady:

Gdy idę na plażę z dwojgiem moich dzieciaków, zawsze zabieram nadmuchiwany brodzik, kładę go na brzegu i napełniam morską lub rzeczną wodą. Dzieci bawią się na piasku, kiedy zapragną się pomoczyć, wchodzą do brodzika, a ja nie muszę się o nie bez przerwy martwić.

Allan C., San Diego

Specjalności tatusia

Tatusiowie niektóre rzeczy robią lepiej niż mamy: lepiej się boksują, umieją łowić ryby, szybciej biegają, dłużej tarzają się w piasku i staranniej myją samochód. Pomyśl, czego twoja żona nie miałaby ochoty z dzieckiem robić, a co ty zrobiłbyś z ochotą. Zrealizuj swoje pomysły. Dla dziecka takie chwile z ojcem będą bardzo ważne.

Dobre rady:

Bardzo lubię wyprawiać się na wycieczki z synkiem – niosę go na plecach w nosidełku. Złościło mnie, że w czasie wędrówki nie widzę jego buzi, więc zacząłem nosić na szyi małe lusterko. Teraz mogę wymieniać z małym uśmiechy, kiedy chcę.

Matt H., Orlando

Kim jesteś?

Czy masz jakieś hobby, szczególnie się czymś interesujesz? Dziecko powinno lepiej cię poznać. Chyba nie ma lepszej metody, prowadzącej do osiągnięcia tego celu, niż włączenie dziecka w twoje sprawy, w rozrywki. Zacznij, gdy jest jeszcze malutkie. Kiedy wypożyczysz z biblioteki jakąś wyjątkowo ciekawą książkę, podziel się radością z synkiem albo córeczką. Gdy idziesz tam, gdzie szczególnie lubisz bywać, zabierz malucha ze sobą. Zwracaj uwagę dziecka na to, co ci się podoba. Żartuj z nim, rób mu psikusy. Po powrocie do domu opowiedz, co było w pracy. Oczywiście, powinieneś także okazać zainteresowanie tym, co w ciągu dnia przydarzyło się dziecku!

Dobre rady:

Jeśli znajdę się w mieście, w którym nigdy jeszcze nie byłem, kupuję niewielki plan tej miejscowości. Wszystkie mapki daję do laminowania, służą nam potem jako podkładki pod talerze. Mogę więc pokazywać dziecku, dokąd jeżdżę w interesach, opowiadać, co w jakimś mieście zwiedziłem.

Phil M., Sacramento

272

Wieże, tunele i namioty z pudeł

Przygotuj:
dużo pustych pudeł, koc albo prześcieradło, pas szerokiej gumy.

Oto zabawa na cały dzień, w domu lub na dworze. Wystarczą duże stare pudła i trochę wyobraźni, żeby zorganizować dziecku wspaniałą rozrywkę. Najpierw zaprojektuj teren zabawy. Ułóż pudła w dwóch rzędach, nakryj prześcieradłem, a powstanie tunel. Na dwóch fotelach umocuj koc gumą – to będzie namiot. Ustaw pudła jedne na drugich i wieża gotowa. Możesz też sam schować się przed maluchem w pudle. Kiedy dziecku znudzi się zabawa z pudłami, oprzyj się rękami o podłogę – niech dziecko raczkuje pod tym żywym wiaduktem.

Dobre rady:
W zamrażalniku trzymam zawsze kilka napełnionych wodą baloników – przydają się, kiedy dziecko nabije sobie guza. Pamiętajcie, że najpierw trzeba zimny balon owinąć ręcznikiem.

Paul W., Nashville

Sam na sam z dzieckiem

Przynajmniej raz w tygodniu postaraj się spędzić trochę czasu sam na sam z dzieckiem, bez towarzystwa mamy. Dzięki takim chwilom powstaną między wami ściślejsze więzy, więcej dowiecie się o sobie. Tylko naprawdę bądź z dzieckiem sam na sam, bez telewizora, bez dzwoniącego telefonu, bez gazety. Mały wysiłek, wielki zysk!

Doręczyciel starych listów

Kiedy sortujesz stare listy i rachunki, pozwól dziecku usiąść obok siebie i zaglądać do kopert. Maluchy uwielbiają drzeć papier (uważaj na kartki z ostrymi rogami). Dziecko zajmie się tą pasjonującą czynnością, a ty zrobisz porządki. Kto wie, może nawet zdążysz potem spokojnie przeczytać gazetę? Gdy maluch nieco podrośnie, zabawcie się w listonosza: wychodź za drzwi z listami, a potem dzwoń i doręczaj pocztę córeczce albo synkowi.

Pociąg z pudełek po butach

Przygotuj:
pięć albo sześć pudełek po butach, sznurek.

Dzieci bardzo lubią ciągnąć za sobą rozmaite przedmioty. Oto propozycja specjalnie dla ciebie, tato – bo z pewnością masz zdolności manualne. Przeciągnij sznurek przez pudełka ustawione jedno za drugim, ścianki połącz zszywaczem, żeby „wagony" uformowały się w równy rząd. Zacznij od ostatniego, skończ na pierwszym, wystający sznurek zawiąż w pętlę, żeby dziecko mogło wygodnie ciągnąć za sobą pociąg. Załaduj do wagonów trochę zabawek córeczki albo synka. Jeśli masz gwizdek, gwiżdż, jeśli nie – bądź konduktorem i wydawaj stosowne okrzyki.

Zwierzenia

Powinieneś rozmawiać z żoną o tym, co dla ciebie znaczy być ojcem. A może napiszesz do niej list, w którym opowiesz, jak się czujesz w roli taty? Wyznaj jej wszystko, i dobre uczucia, i nieco gorsze. Podkreśl, że doceniasz wszystko, co żona codziennie dla was robi, że uważasz ją za wspaniałą matkę. Napisz, że jest równie pociągająca jak dawniej, przed urodzeniem dziecka. Zwierz się ze swoich nadziei i oczekiwań. Gdy pojawia się małe dziecko, rodzina przeżywa trudny okres, przetrwacie go łatwiej, jeśli będziecie wzajemnie doceniać swoje wysiłki i szczerze ze sobą rozmawiać. Zachęcajcie się do takich pogawędek, bądźcie otwarci na siebie.

Dobre rady:

Bałem się kąpać swoje pierwsze dziecko, nie byłem pewny, czy w wodzie nie wyślizgnie mi się z rąk, założyłem więc na ręce białe bawełniane skarpetki. W tych „rękawiczkach" mogłem już spokojnie kąpać córeczkę.

Alex B., Stockton

Seks po dziecku

Kiedy w domu pojawia się dziecko, życie seksualne staje się uboższe. Młodzi rodzice są wieczorem kompletnie wykończeni! Jeśli nie chcecie, aby namiętność między wami wygasła, musicie zdobyć się na pewien wysiłek. Są sposoby na jej ocalenie; oto kilka z nich:

- Nawiąż romans ze swoją żoną. Napisz do niej erotyczny, prowokujący list, zaproponuj w nim randkę poza domem.
- Powiedz żonie, że ma cudowne ciało. Kobiety bardzo przeżywają zmiany fizyczne, na jakie są narażone w czasie ciąży i po porodzie. Jeśli przekonasz żonę, że podoba ci się tak samo jak dawniej, ona poczuje się sexy.
- Co tydzień umawiajcie się na seksualną randkę. Na przemian wybierajcie miejsce spotkania. Zobaczycie, oboje będziecie czekać na ten dzień z utęsknieniem.
- Kobiety uwielbiają być masowane – a masaż może prowadzić do czegoś więcej...

Rodzeństwo

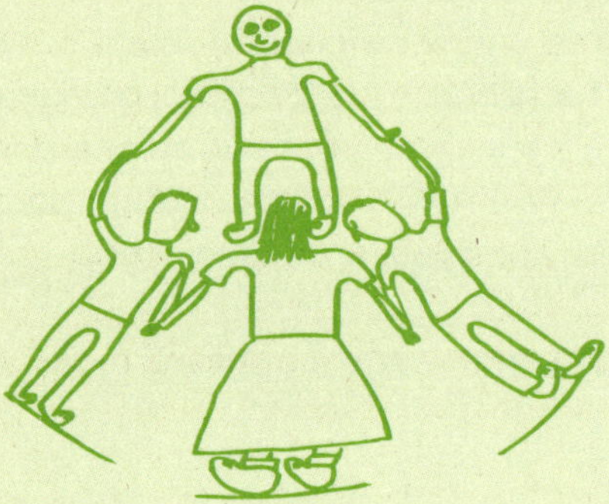

Jesteście wspaniali!

Postaraj się, żeby twoje starsze dzieci podsłuchały, jak je wychwalasz! Zazwyczaj po narodzinach nowego dziecka staje się ono właściwie jedynym tematem rozmów. Maluch nie rozumie, o czym mowa, ale rozumie to jego rodzeństwo. Umów się z mężem i przyjaciółmi, że zaczniecie rozmawiać także o starszych dzieciach. Następnym razem, kiedy przyjdą do was goście albo gdy będziesz rozmawiała przez telefon, opowiedz, jakie wspaniałe są twoje starsze dzieciaki, jak świetnie się z nimi bawisz, jak wiele umieją i jaka jesteś szczęśliwa, że je masz.

279

To mój portret

Przygotuj:

zdjęcie starszego brata albo starszej siostry, tektura, flamastry, klej.

Niech starsze dziecko naklei na tekturę swoje zdjęcie i ładnie ozdobi portret na brzegach. Nad fotografią napisz: „Duża Siostra" albo „Duży Brat". Pozwól artyście zadecydować, gdzie w pokoju niemowlaka ma zawisnąć to zdjęcie; ważne jest tylko, żeby maluch widział je wyraźnie. Starsze dziecko po pojawieniu się w domu nowego członka rodziny czuje się trochę zaniedbane, trochę gorsze – szczególnie jeśli wcześniej było jedynakiem. Żeby odbudować w nim poczucie własnej wartości i ważności, pozwól starszemu synowi albo córce uczestniczyć w rozmowach, w których podejmujecie decyzje dotyczące niemowlaka. Często powtarzaj starszemu dziecku, że jest fantastyczne, niezwykle dla ciebie ważne, że bardzo ci pomaga. Z całą pewnością częste uściski i pocałunki także nie zaszkodzą!

280

Dziecięcy album ze zdjęciami

Przygotuj:
album wielkości 10×15 cm, najnowsze zdjęcia członków rodziny.

Kiedy wywołujesz fotografie, zamawiaj zawsze po dwie odbitki. Starsze dzieciaki lubią mieć albumy pełne swoich zdjęć, więc pamiętaj, żebyś nie fotografowała wyłącznie niemowlaka. Gdy przynosisz nowe zdjęcia, pozwól starszym dzieciom wybrać sobie po kilka odbitek. Zajmą się tym, a ty będziesz mogła bez pośpiechu powkładać resztę fotografii w rodzinnych albumach.

Bohater opowieści

W wolnej chwili, może wieczorem, przed snem, opowiedz maluchowi historyjkę, której bohaterem będzie starsze dziecko – także przysłuchujące się opowiastce; na pewno poczuje się ono odpowiednio uhonorowane. Opowiedz o wszystkim, co siostra lub brat codziennie robi dla malucha, dla ciebie, jak pilnie się uczy, jak wspaniale bawi. Niech bohater będzie kimś, kogo wszyscy podziwiają; to wzmocni poczucie własnej wartości starszego dziecka. Możesz te historyjki nagrywać, bo maluch zapewne zechce ciągle ich słuchać. Nawet jeśli uważasz, że marna z ciebie narratorka, dzieciaki i tak będą zachwycone – przecież to mama o nich opowiada!

281

282

Koszulki starszego rodzeństwa

Przygotuj:
specjalny pisak i farby do tkanin, dużą gąbkę, białe koszulki bawełniane, dużą tekturę (żeby naciągnąć na nią koszulki – wygodniej będzie malować).

Na koszulce napisz: „Jestem Starszym Bratem” lub „Jestem Starszą Siostrą”; poczekaj, aż napis wyschnie. Z jednej tuby wyciśnij farbę na gąbkę i rozsmaruj ją po całej powierzchni. Stópkę malucha postaw na gąbce, a potem odciśnij na koszulce. Zróbcie tyle „odbitek”, ile tylko chcecie; starsze dzieciaki zdecydują, jaki wzór ma powstać. Potem weź farbę innego koloru i znów odbijajcie na koszulce stópki. Dla malucha przygotuj koszulkę z napisem: „Wszyscy mnie kochają”, i niech starsze dzieciaki odcisną na niej dłonie.

Co czujesz?

Przygotuj:

arkusz szarego papieru tak duży, żeby zmieścił się na nim kontur sylwetki twojego najwyższego dziecka, kredki świecowe albo flamastry.

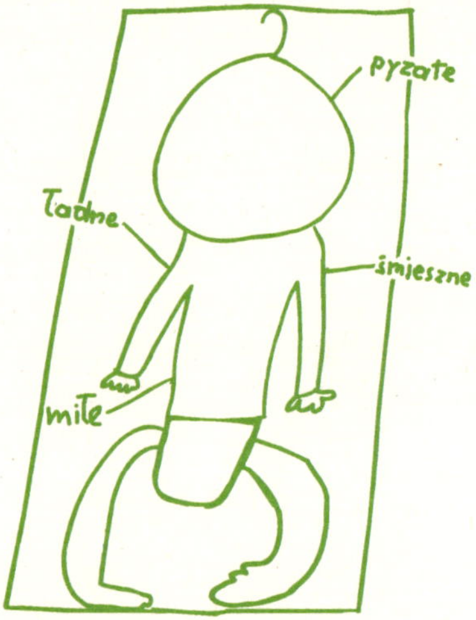

Obrysuj po kolei sylwetki swoich dzieci. Niech starsze rodzeństwo jednocześnie opowiada, co czuje do niemowlaka, jak zmieniło się ich życie od chwili, gdy się pojawił – na lepsze lub na gorsze – co im się w maluchu podoba, czego w nim nie lubią. Wpisz wszystkie określenia, jakich użyją, w środku konturu niemowlaka. Pamiętaj, żebyś okazała zrozumienie dla uczuć swoich starszych dzieci! Potem spytaj, jak – według nich – maluch ocenia rodzeństwo, i wpisuj to, co powiedzą, w kontury ich sylwetek. Członkowie rodziny powinni zwierzać się sobie; niemowlę zawsze odmienia życie całej rodziny, rozmowa o tych zmianach bardzo pomaga!

Teatrzyk kukiełkowy

Przygotuj:
wielkie pudło, na przykład fabryczne opakowanie po lodówce, farby, materiał na kurtynkę.

Ze starego opakowania po lodówce można zrobić wspaniały teatrzyk kukiełkowy. Starsi muszą wykonać samą konstrukcję, ale udekorowaniem jej niech zajmą się dzieci. Będą zachwycone tym, jak pięknie ozdobiły teatrzyk, i bardzo, bardzo przejęte, że na premierze pojawi się cała rodzina. Najpierw oklejcie pudło taśmą, żeby ścianki lepiej się trzymały. Postawcie je pionowo i w górnej części wytnijcie otwór – to będzie scena. Potem w tylnej ściance, na dole, zróbcie dziurę – tędy będą wpełzać animatorzy lalek. Kiedy dzieci pomalują już teatrzyk, niech mama albo tata zszywaczem przyczepi dwa kawałki materiału do górnej krawędzi pudła i ładnie podwiąże – oto kurtyna, więc teatrzyk jest już gotowy.

Mozaika z darów natury

285

Przygotuj:

liście, płatki kwiatów, źdźbła trawy, pióra, płaską pokrywkę od pudła, klej, papier.

Wyjdźcie na dwór, niech starsze dzieci wskazują maluchowi, co powinien zbierać. Oczywiście dziecko zapewne zerwie cały kwiat, zamiast uskubać płatek, ale nie szkodzi, sama to później zrobisz. Kładźcie wszystko, co znajdziecie, na pokrywce. Potem, w domu, narysuj sama (albo poproś o to starsze dzieci) kontur motyla lub pióra czy kwiatu; powinien być duży i wyrazisty. W kilkunastu miejscach, wewnątrz konturu, posmaruj papier odrobiną kleju i pomóż dzieciom poprzylepiać skarby natury. Możecie urozmaicać tę czynność, na przykład podrzucać płatki w górę i przylepiać je tam, gdzie spadną. Kiedy już nakleicie większość uzbieranych liści i płatków, połóż na mozaice papierowy ręcznik i wygładź delikatnie.

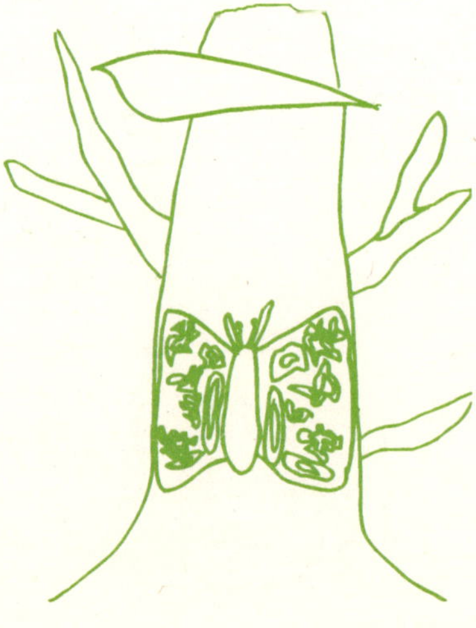

Książeczka własnej roboty

Przygotuj:
stare pisma kolorowe, nożyczki, klej, czysty, gruby i sztywny brulion.

Razem ze starszym dzieckiem przejrzyj magazyny i wybierzcie obrazki. Szukajcie ilustracji, które przedstawiają to, co maluch już kiedyś widział: zwierzęta, domy, ludzi, samochody, rośliny itp. Wytnijcie te obrazki i powklejajcie do zeszytu. Starsze dziecko może pod każdą ilustracją napisać, co ona przedstawia. Najlepiej wklejać ilustracje w takiej kolejności, żeby można z nich było ułożyć jakąś historyjkę. Podarujcie maluchowi tę książeczkę z obrazkami. Niech to będzie książka szczególna – taka, którą czytać lub oglądać wraz z niemowlakiem może tylko starsze rodzeństwo.

286

287

Pieczone łapki

Przygotuj:

surowe ciasto, drobne owoce, lukier, bitą śmietanę, tubę do wyciskania kremów, nóż o zaokrąglonym ostrzu.

Rozwałkuj ciasto do grubości pół centymetra, połóż na nim rękę dziecka, odciśnij i nożem wytnij jej kontur. Dla każdego malucha przygotuj po kilka ciasteczek. Jeśli wolałabyś, żeby wypieki były maleńkie, odciśnij na cieście tylko kciuki. Połóż ciastka na natłuszczonym pergaminie i upiecz. Kiedy ostygną, pozwól dzieciom je przyozdobić; mogą też pomagać ci przy wałkowaniu ciasta. Zobaczysz, jak świetnie będą się bawić przy dekorowaniu ciastek.

Przepis na ciasto:

pół filiżanki brązowego cukru, pół filiżanki masła, łyżeczka wanilii, dwa jajka, pół łyżeczki soli, dwie i pół filiżanki mąki, dwie łyżeczki proszku do pieczenia.

Utrzyj cukier z masłem, wanilią i jajkami. Dodaj mąkę, proszek do pieczenia, sól. Włóż masę do lodówki na trzy godziny. Rozgrzej piekarnik do 190 stopni. Rozwałkuj ciasto na posypanej mąką powierzchni, powycinaj ciastka i piecz przez siedem do dziesięciu minut. Jeśli zastosujesz składniki w ilości przez nas proponowanej, to wyjdą ci z tego dwadzieścia cztery ciastka.

Mali poszukiwacze

Przygotuj:
piłeczkę tenisową, folię aluminiową, kawałek papieru ściernego, korki, kamień, kawałki sztucznego futra, wełny, aksamitu, kory, liść, kwiat.

Pochowaj przygotowane drobiazgi w różnych miejscach i daj starszym dzieciom ich listę – niech szukają. Możesz urządzić konkurs, wygra ten, kto najszybciej odnajdzie najwięcej przedmiotów. Skompletowane łupy naklejcie na karton. Gdy klej wyschnie, niech starsze dziecko weźmie malucha za rączkę i gładzi nią delikatnie każdy przedmiot po kolei, mówiąc na przykład: – Liść jest zielony, gładki, rośnie na drzewie, jesienią liście opadają na ziemię. – Starsza siostra albo brat będą się czuli ważni, bo przecież zostali mianowani nauczycielami malucha.

Krąg miłości

Odsuńcie meble w największym pokoju, byście mogli, trzymając się za ręce, zataczać taneczne kręgi (jak w „Kółku graniastym"). Podczas tańca nie tylko rozbawicie dzieci, ale przekażecie im też pozytywną energię. Weźcie się więc za ręce i dalej, w koło! Najpierw ruszajcie się powoli, potem coraz szybciej, podskakujcie, przykucajcie, galopujcie. Pamiętajcie, że trzeba często zmieniać kierunek. W czasie tańca mówcie dzieciom, jaką cudowną rodzinę tworzycie: – Wszyscy jesteśmy tacy fajni, dzielimy się radością i kłopotami. Bardzo się kochamy, lubimy się sobie zwierzać.

290

Dzieło sztuki w butelce

Przygotuj:
ładny szklany pojemnik, płatki śniadaniowe, suchą fasolę, ziarna, orzechy, suszone zioła.

Postaw pojemnik na blacie kuchennym. Zawołaj dzieci, przynieś malucha i wkładajcie do środka, warstwa po warstwie, płatki, ziarna fasoli, małe surowe kluski, orzechy, zioła. Za chwilę będziesz miała gotową piękną ozdobę kuchennej półki. Starsze dzieci niech zaprojektują wcześniej to dzieło i udzielają instrukcji maluchowi.

Uwaga:
Podczas tej zabawy trzeba bacznie obserwować niemowlę i pilnować, żeby niczego nie połknęło.

Stołowa przygoda

Przygotuj:

miękką żywność, którą maluch będzie mógł jeść palcami, na przykład kawałki banana lub ciastko, talerze, miski, wysokie krzesełko.

Nastawcie się duchowo – ty, twój mąż, maluch i jego starsze rodzeństwo – na gastronomiczną przygodę. Kładź na talerzu malucha kolejno po trochu różnego jedzenia, potem rozdawaj je także pozostałym. Pozwól dziecku badać smak, zapach, konsystencję i temperaturę kolejnych dań. Potem niech maluch sam skomponuje sobie potrawę z kilku rodzajów jedzenia, starsze rodzeństwo może mu podpowiadać. Weźcie sobie to samo i rozkoszujcie się daniem waszego maleńkiego szefa kuchni!

Gdzie twoja butelka?

292

Oto zabawa, którą starsze rodzeństwo może w dowolnym momencie zająć malucha. Niech brat lub siostra zadaje pytania i sugeruje, co trzeba zrobić. Na przykład: – Gdzie jest twój kocyk? – Chodźmy popatrzeć na przechodniów. – Jakie zabawki masz w tym pudełku? – Porozmawiajmy przez telefon. – Poszukajmy psa. – Gdzie jest łazienka? – Zadania nie mogą być dla malucha za trudne. Starsze dzieciaki mają dodatkową zabawę, bo znają wszystkie odpowiedzi. Upewnij się, że nie pokazują maluchowi palcem szukanych przedmiotów i nie mówią wprost, co ma zrobić. Twoje najmłodsze dziecko powinno nauczyć się dochodzić do celu samo, z niewielką tylko pomocą.

Babcia i dziadek

Co mam robić?

Na pewno pamiętasz, jaka byłaś zdekoncentrowana w czasach, gdy sama opiekowałaś się swoim niemowlakiem. Kiedy przyjedziesz w odwiedziny do syna lub córki, musisz pamiętać, że to oni są rodzicami swojego malucha i że mogą mieć inne zwyczaje niż ty. Zaraz po przywitaniu zadaj kilka pytań, które pomogą wam uniknąć niepotrzebnych konfliktów:

- Pytanie podstawowe: Jak mogłabym wam pomóc (zaproponuj, na przykład, że każdego ranka przez kilka godzin będziesz zajmować się dzieckiem).
- Moglibyście spisać mi plan dnia?
- Czy macie jakieś własne metody zmywania naczyń, prania, odkurzania, zabawy z dzieckiem?
- Czego mi nie wolno robić przy dziecku?
- Co dziecko lubi?
- Jakie ma zwyczaje i na jakim jest etapie rozwoju?

Pomyśl, jakie jeszcze pytania chciałabyś zadać. Wzajemna szczerość i podporządkowanie się zasadom panującym w domu syna czy córki sprawią, że twoja wizyta będzie dla wszystkich naprawdę przyjemna!

Towarzystwo dla wnuka

Przed wizytą wnuków poszukajcie w sąsiedztwie dzieci w zbliżonym wieku. Przedstawcie się ich rodzicom i opowiedzcie o przyjeździe małych gości. Może ci państwo przy okazji pożyczą wam jakieś zabawki, rowerek, łóżeczko, wózek spacerowy albo fotelik do samochodu? Poproście także, żeby polecili wam pediatrę i opiekunkę do dzieci – będziecie dzięki temu gotowi na każdą ewentualność.

Właściwe zakupy

To zabawne, że zazwyczaj dzieci, które w domu grymaszą przy posiłkach, u dziadka i babci zjadają wszystko z apetytem! Nie róbcie większych zakupów przed przyjazdem wnuków; gdy się zjawią, razem ułóżcie menu i razem idźcie do sklepu. Niech każde z wnuków kupi sobie oddzielne pudełko płatków śniadaniowych – grubym flamastrem wypisz na nich imiona właścicieli. Nawet dla malucha nie warto wcześniej niczego kupować, bo może na przykład mama akurat zaczęła go karmić jedzeniem innej firmy niż dawniej? Jeśli już musisz zrobić zapasy przed przyjazdem wnuków, dowiedz się przynajmniej od ich rodziców, co zazwyczaj jedzą.

Przygotowania do wizyty wnuków

Zanim przyjada wnuki, przygotuj się do tej wizyty, aby te odwiedziny były przyjemne dla wszystkich.

- Opróżnijcie jakąś szafkę i zgromadźcie w niej rozmaite rzeczy przydatne w zabawach. Powinny się tam znaleźć kredki, papier, ciasto do zabawy (przeczytaj przepisy w rozdziale „Wyrabiać i lepić”), pudełka różnej wielkości, papier do pakowania, nożyczki, klej, stare kolorowe pisma, stare skarpetki, tektura i tak dalej.
- Przygotujcie pudło-garderobę. Zróbcie porządki w szafach i poskładajcie w nim stare marynarki, sukienki, pantofle na wysokich obcasach, nieużywaną biżuterię, krawaty, kapelusze. Pomyślcie, czy nie poskracać sukienek albo rękawów.
- Wyznaczcie miejsce, gdzie dzieci będą mogły się bawić; nie musi to być jakaś wielka przestrzeń. Dzięki temu zyskacie prawo do protestu, jeśli zabawki będą rozrzucone po całym domu! Kupcie tanie lustro, powieście je na ścianie w pokoju przeznaczonym dla dzieci; sami zobaczycie, ile nowych zabaw wymyślą wasze wnuki.
- Dzieciaki bardzo lubią udekorowane pokoje. Najtańsze rozwiązanie: dajcie do powiększenia ich fotografie, potem kupcie proste, plastikowe ramki i powieście zdjęcia w sypialni wnuków.

Ku pamięci

Zacznij pisać dziennik dla wnuka, zapisuj wszystko, co ci tylko przyjdzie do głowy. Z przyjemnością przegląda się potem takie raporty, w których zostały opisane wizyty dzieciaków. Możesz też wklejać do dziennika rysunki malucha, listy, które pomiędzy odwiedzinami przysyłają ci jego rodzice. Pisz w tym zeszycie wiersze, notuj nowiny, wspominaj przygody z dzieciństwa. Wszystko to będzie dla dziecka ważne i ciekawe, bo dzięki twojemu pamiętnikowi spojrzy na świat z innego punktu widzenia niż ten, do którego przywykło (czyli punkt widzenia rodziców)!

Dobre rady:

Jeśli maluch ma kłopoty z postawieniem pierwszego kroku, to do obu rączek daj mu po klamerce do bielizny, dziecko poczuje się pewniej, bo będzie mu się wydawało, że trzyma palce kogoś dorosłego.

Nancy Maley, Shorewood

298

Zabawić wnuki

Dowiedz się, jakie imprezy dla dzieci organizowane są w twojej okolicy; pomogą ci w tym newslettery przesyłane z portali dziecięcych, pisma dzielnicowe, comiesięczne informatory kulturalne. Sprawdź repertuar teatrów dziecięcych, przejrzyj spis wystaw, podzwoń do domów kultury i spytaj, czy odbywają się u nich imprezy dla dzieci. Starannie zaplanuj rozrywki na kilka dni naprzód. To zadziwiające, o ile łatwiejsze staje się życie, jeśli trzymamy się wcześniej ułożonych planów!

Tradycje

Pomyśl, jakie tradycje chciałabyś przekazać swoim wnukom. Wprowadź też jakiś nowy obyczaj, wymyślony specjalnie dla dzieciaków, na przykład wieczorne ognisko, gotowanie szczególnej, wymyślnej potrawy, popołudniowa herbatka, śpiewanie ulubionej kołysanki. Najważniejsze, żeby tradycje te, stare albo nowe, były kultywowane podczas każdej wizyty wnuków. Dzieci poczują się bezpieczne, kochane i oczekiwane.

Sesje fotograficzne

300

Rób swojemu wnukowi jak najwięcej zdjęć. Fotografuj go, kiedy się budzi, je śniadanie, gdy spacerujecie, podczas kąpieli i zabawy. Ty też powinnaś znaleźć się przynajmniej na kilku zdjęciach. Zamów po dwie odbitki, jedna będzie dla ciebie, druga dla malucha. Komplet wnuka włóż do małego albumu, który dziecko bez trudu będzie mogło zabierać ze sobą.

Każde zdjęcie opatrz krótką notatką; kiedy wnuk będzie daleko, ktoś inny przeczyta je maluchowi, żeby przypomnieć mu chwile spędzone z dziadkiem. Drugi komplet odbitek włóż do swojego albumu.

Indywidualne rozmowy

Kiedy odwiedzi cię więcej niż jedno wnuczę, z każdym powinnaś spędzić trochę czasu sam na sam. Jeśli jest wśród nich niemowlę, które wymaga szczególnej troski, zadbaj, żeby jego rodzeństwo nie poczuło się odsunięte na dalszy plan – starsze dzieciaki muszą wiedzieć, że maleńki przybysz nie ukradł im twoich uczuć!

Gdy mama albo ktoś inny zajmie się maluchem, ty poświęć uwagę pozostałym wnukom. Zaproponuj zabawę, przeczytaj jakąś opowiastkę, urządźcie przedstawienie kukiełkowe, ucałuj każde z nich, idźcie razem na spacer. Najważniejsze, żebyś uważnie słuchała, co dzieci opowiadają o sobie. Oczywiście, i z maluchem spędź trochę czasu sam na sam, żeby wzmocnić łączące was więzi.

Dobre rady:

Jeśli w rodzinie są bliźnięta, traktuj każde z nich indywidualnie – przecież są odrębnymi osobowościami. Lepiej, aby nie były identycznie ubierane.

Laura Sullivan, Golden Valley

Uwiecznione wspomnienia

Ogromnie ważne są dla nas wszystkich głosy tych, których kochamy. Jak najprędzej zacznijcie nagrywać swoje wspomnienia. Już teraz zacznijcie szykować wnukom ten wspaniały prezent, choć pewnie puścicie im nagrania ze wspomnieniami dopiero za parę lat. Niech na nagraniu znajdą się opowieści o wspólnych, waszych i wnuków, przeżyciach, przypomnijcie im, co razem robiliście, powiedzcie, co myślicie o ich charakterach. Opowiadajcie o waszych myślach i uczuciach związanych z wnukami, o dziecięcych przygodach ich rodziców, opiszcie, jaki był świat, kiedy wy sami byliście dziećmi. Nie musicie planować wcześniej toku wspomnień, niech nagranie będzie improwizacją. Warto tylko notować, o czym już była mowa – żeby uniknąć powtórzeń. Nagrywajcie takie opowieści co najmniej raz w miesiącu.

Wasz ogródek

Wspólnie z wnukami zaprojektuj ogródek warzywny w ogrodzie przy ich albo twoim domu lub na działce. Takie jarzyny, jak marchewka, ogórki, pomidory, dynie, rosną szybko. Narysujcie na małych kartkach różne warzywa, przyklejcie rysunki do patyków po lodach i wsadźcie w ziemię obok posianych nasion. Zanim wyrosną, możecie kupować w sklepie jarzyny, które wkrótce wzejdą w waszym ogródku, i wymyślać rozmaite zabawy z nimi związane. Jeśli wnuki nie będą mogły przyjechać, żeby obejrzeć plony, zrób zdjęcia i opisz, jak dbasz o wasz wspólny ogródek.

Ulubione książki

Czy pamiętasz, jakie książki czytano ci, gdy byłeś dzieckiem? A pamiętasz ulubione książki twoich dzieci? Jeśli tak, czytaj je teraz wnukom. Opowiedz im, które z tych opowieści ich mama albo tata lubili najbardziej, które postaci podobały się tacie, których bała się mama. Nawet niemowlaki lubią, kiedy czyta im się głośno. Parę historyjek nagraj, aby wnuki mogły słuchać twojego głosu, kiedy jesteś daleko.

Tata i mama jako dzieci

Kup arkusz tektury na tyle duży, aby zmieściło się na nim około dwudziestu zdjęć. Poprzyklejaj fotografie rodziców twoich wnuków z czasów, gdy mieli mniej więcej tyle lat, ile teraz mają ich dzieci. Możesz też porobić zdjęcia dzieciakom w pozach podobnych do tych, jakie na zdjęciach mają ich rodzice, i przykleić je na tekturowej tablicy. Dzieci lubią czuć się podobne do mamy i taty. A poza tym to takie śmieszne – pomyśleć, że rodzice też kiedyś byli dziećmi!

Dobre rady:

Zaprenumerujcie jakieś pismo dla rodziców i czytajcie je uważnie. Znajdziecie tam takie porady i pomysły ułatwiające życie rodzinom z małymi dziećmi, jakie – gdy sami mieliście maluchy pod opieką – na pewno nie przyszły wam do głowy.

Ruth G., Bridgeport

Babcine pudełko z biżuterią

W deszczowe popołudnie wyciągnij pudełko ze swoimi starymi skarbami. Zobaczysz, jak wnukom zaświecą się oczy do tej dziwacznej dla nich biżuterii. Opowiedz, kiedy nosiłaś poszczególne ozdoby, powspominaj przyjęcia, bankiety, wesela. Jeśli masz fotografie zrobione podczas tych uroczystości, wyjmij je także. Pozwól dzieciom przymierzać ozdoby przed lustrem. Nie pokazuj im i nie opowiadaj wszystkiego od razu; będą niecierpliwie czekać na kolejne niespodzianki ukryte w babcinym pudełku z biżuterią.

Wyjątkowa kołysanka

Śpiewaj maluchowi kołysanki, które zapamiętałaś. Jeżeli nie pamiętasz żadnej, to sama wymyśl słowa i melodię. Piosenkę tę śpiewaj albo przynajmniej nuć zawsze, kiedy tulisz dziecko. Maluch zacznie rozpoznawać melodię i będzie się przy niej uspokajał. Jeśli mieszkasz daleko, nagraj kołysankę, kilka innych piosenek, wierszyk, jakąś historyjkę i wyślij wnukowi.

Dobre rady:

Kiedy przytulasz malucha, trzymaj go mocno, choć delikatnie, i siedź spokojnie. Nie tarmoś go, nie zmieniaj gwałtownie pozycji. Dziecko przytulone do kogoś bliskiego powinno być zrelaksowane, mieć poczucie bezpieczeństwa.

Suzanne Roberts, Indianapolis

Poza domem

Rady na drogę

Podróżowanie z dzieckiem to niełatwa rzecz. Oto kilka rad, jak uprzyjemnić wyprawę:

- Co dwie godziny róbcie przerwę, żeby rozprostować nogi, zjedzcie coś.
- Owiń w papierki dużo drobnych prezentów, małych przekąsek i włóż to wszystko do dużej torby. Niech dziecko od czasu do czasu wyciąga sobie jakąś niespodziankę.
- Co godzinę w samochodzie przynajmniej przez kwadrans powinny panować spokój i cisza – kierowca musi zebrać skołatane myśli.
- Śpiewajcie piosenki na zmianę albo razem.
- Opowiadaj zabawne historyjki o tym, co widać przez okno.
- Zabierz pacynkę – jeśli dziecko zacznie płakać, odegrasz mu przedstawienie.
- Puszczaj kupione wcześniej płyty z piosenkami i bajkami.

Dokąd pójść

Szukaj informacji na temat rozmaitych imprez w dodatkach lokalnych gazet i informatorach kulturalnych. Oto lista miejsc, do których można wyprawić się z maluchem:

- koncerty albo spektakle dla dzieci
- wystawy rysunków dziecięcych
- sklepy z zabawkami
- wystawy kwiatów
- cyrk
- parki
- targ
- zoo
- cukiernia
- pokazy i zawody sportowe
- lodowisko
- muzea.

Oczywiście, tego typu miejsc jest o wiele, wiele więcej. Pamiętaj, że dla dziecka wszystko niemal będzie nowością, zwracaj jego uwagę na nieznane mu dotąd rzeczy, zjawiska. Zabieraj malucha tam, gdzie będzie mógł dotknąć tego, co ogląda. Kiedy wybierzesz się z dzieckiem do teatru albo do kina, siadaj blisko drzwi – jeśli dziecko znudzi się w połowie spektaklu, będziecie mogli wyjść, nie robiąc zamieszania. Zawsze zabieraj ze sobą coś smacznego. Powodzenia!

W restauracji

Kiedy wybierzesz się z dzieckiem do restauracji, pamiętaj:

- Unikaj zatłoczonych lokali.
- Upewnij się, że dziecko jest naprawdę głodne.
- Jeżeli długo czekacie na zamówione dania, spytaj kelnera, czy – jeśli wyjdziecie na zewnątrz – poprosi was, gdy jedzenie będzie już na stole.
- Miej przy sobie krakersy albo kawałek chleba, zabierz papier i kredki.
- Kiedy tylko dziecko zacznie okazywać zniecierpliwienie, zamów coś słodkiego na deser, na przykład lody.
- Sama najprawdopodobniej nie będziesz miała czasu ani na kawę, ani na lody, więc zrekompensuj to sobie jak najszybciej.

Nie zapomnij o częstych pochwałach dla dziecka za jego grzeczne zachowanie!

Arcydzieła z serwetek

Zawsze kiedy idziesz z dzieckiem do restauracji, zabieraj nożyczki. Podczas oczekiwania na jedzenie będziesz mogła wyczarować z papierowych serwetek dzieła sztuki. Zahipnotyzowane dziecko będzie się przypatrywać, jak ze zwykłych kawałków bibułki wycinasz piękne płatki śniegu albo łańcuch papierowych ludzików.

Płatki śniegu: złóż serwetkę we czworo, obetnij wszystkie rogi. Potem złóż jeszcze na pół i wytnij kilka półkoli wzdłuż zgięcia. Rozłóż serwetkę i zobacz, co ci wyszło; jeśli trzeba, powycinaj dodatkowe dziurki. Szybko się tego nauczysz i kiedy tylko zechcesz, będziesz mogła wyciąć przepiękne śnieżynki.

Łańcuch papierowych ludzików: złóż serwetkę na co najmniej trzy części. Narysuj na niej ludzką sylwetkę, niech jej ramię wysuwa się poza krawędź serwetki. Wytnij ten kontur i rozłóż – zobaczysz trzymające się za ręce papierowe ludziki.

Zabawa w sklepie

Zabierz dziecko do sklepu spożywczego, choć nie masz zamiaru robić zakupów. Posadź je w sklepowym wózku, przewieź po alejkach i opowiadaj o tych wszystkich nadzwyczajnych rzeczach, które widzi. Jeśli zauważysz, że dziecko szczególnie zainteresował jakiś towar, podaj go maluchowi. Po drodze wyjaśnij, co twój synek albo córeczka trzyma w rączce: jaki pudełko ma kształt, kolor, co jest w środku i czy to jest zimne, ciepłe, szorstkie, czy gładkie. Dziecku spodoba się także kosztowanie próbek jedzenia rozdawanych w promocji. Wędrujcie po sklepie tak długo, aż maluch nie straci zainteresowania.

But

Nie wyrzucaj wszystkich starych, sznurowanych bucików, zachowaj kilka par, które mają sznurowadła z plastikowymi końcówkami. Zabawa z butem pochłonię dziecko, kiedy będziecie musieli gdzieś w ciszy i spokoju posiedzieć. Maluch zacznie z zapałem rozsznurowywać but, a kiedy już sobie z tym poradzi, wciągnij sznurowadła z powrotem. To sama przyjemność przyglądać się, w jakim skupieniu dziecko bada, co można zrobić z butem i sznurówką!

Naszyjnik obserwatora

Przygotuj:

rolki po papierowych ręcznikach, celofan w różnych kolorach, szeroką gumkę, sznurek.

Potnij celofan na kwadraty. Każdy kawałek owiń wokół końca rolki, wciągnij na to gumę. Jedną rolkę możesz nosić ze sobą, kiedy idziesz z dzieckiem do sklepu czy do restauracji – będzie miało się czym bawić. Maluch będzie zachwycony, że gdy spogląda przez lunetę, cały świat przybiera kolor celofanu. Przez pozostałe rolki przewlecz sznurek, zwiąż końce i powieś „naszyjnik" w samochodzie albo na wózku. Pamiętaj tylko, żeby dziecko nie patrzyło przez lunetę, kiedy idzie!

Zabawa w dotykanie

315

W tę grę możesz z dzieckiem bawić się wszędzie: w domu, na dworze, w samochodzie, w sklepach, restauracjach. Weź rączkę malucha i połóż na jakimś przedmiocie. Nazwij go i opisz, używając barwnych, sugestywnych przymiotników. Nie przejmuj się, jeśli dziecko z początku odepchnie ów przedmiot, niektóre maluchy wolą najpierw przyjrzeć się temu, czego mają dotknąć. Kiedy dziecko podrośnie, możecie bawić się w zgadywankę – uczestniczący w tej grze kolejno zamykają oczy i usiłują zgadnąć, czego dotykają.

Posłuchać świata

Wyjdź z dzieckiem na dwór i stańcie albo usiądźcie niedaleko jezdni. Zwracaj uwagę dziecka na dźwięki wydawane przez samochody, motocykle, ludzi, zwierzęta. Opisuj je. Kiedy któryś się powtórzy, przypomnij maluchowi, że już go słyszał. Gdy dziecko będzie starsze, możecie posłuchać startujących i lądujących samolotów, kibiców krzyczących w czasie meczu, maluchy jednak, które nie mają jeszcze sześciu miesięcy, źle reagują na agresywne hałasy.

Małe oczka

Ta zabawa polega na tym, żeby opisywać dziecku jakiś obiekt bez wymawiania jego nazwy. Używaj słów, które maluch powinien już rozumieć.
Na przykład: – Moje małe oczka widzą coś dużego, co ma dużo, dużo futra i szczeka, kiedy ktoś puka do drzwi. Albo: – Moje małe oczka widzą coś żółtego, co ma skórkę, jest słodkie i małpki to jedzą. Rozbudowuj opisy albo je skracaj, w zależności od reakcji dziecka. Możecie w tę grę bawić się dosłownie wszędzie. Niech uczestniczy w niej też starsze rodzeństwo.

Zwariowane zdjęcie

Idź z dzieckiem do automatu fotograficznego i patrząc w lusterko, wypróbujcie kilka min do śmiesznego, trochę zwariowanego zdjęcia. Możesz całować malucha w nos, włożyć do ust jego paluszki, złapać go za ucho, zabawnie się wykrzywić. Kiedy automat wyda wam fotografię, pokaż ją dziecku, a po powrocie do domu powieś ją w widocznym miejscu. Porozmawiaj o niej z dzieckiem od czasu do czasu, powiedz, że świetnie się z nim bawisz i że bardzo je kochasz.

319

Nawiąż rozmowę

Podczas spaceru dziecko interesuje się absolutnie wszystkim, co zobaczy. Czasem możesz czuć się trochę głupio, że mówisz i mówisz do niego, choć zwykle nie rozumiesz jego odpowiedzi. Uwierz nam jednak: dziecko uczy się sztuki komunikowania, gdy cię słucha! Pytaj więc malucha, co widzi, i sama odpowiadaj – na serio albo żartobliwie.

Na przykład: widzicie szczekającego psa. Spytaj córeczkę lub synka, dlaczego ten pies szczeka, i opowiedz bajeczkę o psach. Mów: – Założę się, że on szczeka, bo wiewiórka nie chce się z nim bawić. – Albo: – Może ten pies się nas boi? Pies mówi do nas „hau, hau!”, porozmawiajmy z nim – i zaszczekaj. Jeśli dziecko zacznie gaworzyć, udaj, że zrozumiałaś, o co mu chodzi. Gdy zatem maluch oświadczy: – Da, ba, ba! – odpowiedz: – Masz rację, pies szczeka na ptaszki. – Możesz też ułożyć krótką rymowankę o psie, na przykład:

Szczeka pies na żabę w stawie,
a żaba patrzy ciekawie.

Naszyjnik do jedzenia

Przygotuj:
pudełko płatków śniadaniowych i cienkie sznurowadło z plastikowymi końcówkami.

Szykujecie się do podróży samochodem, statkiem, pociągiem albo samolotem? Przygotuj dużo oddzielnie zapakowanych smakołyków i włóż je do torby; nazwij ją workiem z niespodziankami. Zrób też naszyjnik do jedzenia. Nawlecz płatki na sznurowadło i zwiąż końce. Załóż naszyjnik dziecku na szyję, kiedy będzie głodne zje parę płatków. Pokaż mu, jak ma to robić, żeby się nie przestraszyło, że niszczy piękne korale. Kiedy zje wszystkie płatki, upierz sznurowadło i zrób nowy naszyjnik.

321

Liczmy razem

Dzieci uwielbiają liczyć, a rachować mogą dosłownie wszystko. Jeśli będziesz to robiła razem z maluchem, szybko nauczy się liczyć do dziesięciu. Policzcie gwiazdy na niebie, poduszki na kanapie, krzesła, samochody przejeżdżające za oknem, drzewa, fale na morzu, wzgórza i co tam jeszcze przyjdzie wam do głowy. Niech rachowanie stanie się codzienną zabawą. Możecie wyśpiewywać cyfry i liczby, wymyślać do nich rymy, klaskać do rytmu.

Dziecięce kluby i organizowanie opieki

Zakładanie dziecięcego klubu

W klubie dziecięcym jeden dorosły przypada zwykle na troje dzieci (oczywiście wszystkie dzieci mogą też przyjść z rodzicami albo jednym z nich). Klub ułatwia maluchom nawiązanie kontaktów z innymi dzieciakami, uczy je reguł obowiązujących w relacjach z innymi. Jeżeli uważasz, że twoje dziecko powinno spotykać się z rówieśnikami, zorganizuj klub dziecięcy. Kilka rad:

- Popytaj znajomych, czy chcą, aby wasze dzieci spotykały się co tydzień, w określonym dniu.
- Pilnowaniem dzieciaków nie powinien być obciążony stale ten sam rodzic. Jeśli dochodzi jednak do takiej sytuacji, reszta powinna mu płacić.
- Jeżeli twoi przyjaciele nie mają dzieci w odpowiednim wieku, poszukaj nowych znajomych w parkach, w poczekalni u lekarza, w kościele. Możesz też dać ogłoszenie do gazety.
- Kiedy już znajdziesz chętnych, spotkajcie się wszyscy i spróbujcie uzgodnić poglądy dotyczące wychowania dzieci.
- Pierwsze spotkanie klubu dziecięcego jest tylko próbą, zawsze można się wycofać.
- Po każdym spotkaniu rodzice powinni porozmawiać z opiekunami, dowiedzieć się, w co dzieci się bawiły, co im się podobało, a co nie.

Opiekunowie klubu dziecięcego

- Jeśli tylko jeden dorosły ma opiekować się dziećmi, w żadnym wypadku nie powinno ich być więcej niż dziesięcioro.
- Maluchy są całkowicie zależne od dorosłych, trzeba więc je pilnie obserwować.
- Opiekun stara się porozmawiać z każdym dzieckiem pojedynczo. Zachęca je do zadawania pytań i odpowiada na nie. Jeśli jakiś maluch jeszcze nie mówi, opiekun komentuje to, co się dzieje.
- Opiekun pomaga dzieciom w wykonywaniu rozmaitych zadań. Często je chwali.
- Natychmiast reaguje na płacz malucha.
- Pozwala dzieciom trzymać w objęciach przedmioty, które im się podobają.
- Jeśli dzieci walczą o jakąś zabawkę, przynosi drugą, podobną, żeby pogodzić przeciwników.
- Nie przyjmuje do wiadomości protestów malucha, jeśli zabrania mu czegoś, co może być da niego niebezpieczne.
- Wita każde dziecko serdecznym uśmiechem.
- Uczy swoich podopiecznych, że lepiej prosić, niż walczyć. Że na przykład lepiej powiedzieć: „Chcę się pohuśtać", niż spychać z huśtawki inne dziecko.
- Przygotowuje wcześniej teren zabawy i obmyśla plan gier.
- Formułuje jasne zasady obowiązujące w dziecięcym klubie.
- Pilnuje, żeby dzieci nie były głodne ani spragnione.

324

Kwestionariusz dla rodziców

Rozdaj kwestionariusze wszystkim rodzicom dzieci należących do dziecięcego klubu. Kiedy je wypełnią, schowaj papiery do specjalnej teczki i zadbaj, aby opiekunowie zawsze mieli ją przy sobie. W kwestionariuszu powinno znaleźć się miejsce na:

- Numery telefonów do domu, do pracy, do kogoś, kto opiekuje się dzieckiem w zastępstwie rodziców.
- Informacje dotyczące odżywiania: co dziecko lubi, czego nie znosi, na co jest uczulone, jak często jada.
- Plan dnia malucha (przede wszystkim informacja, kiedy powinien spać).
- Tekst ulubionej piosenki dziecka.
- Radę, jak uspokoić je, kiedy się rozpłacze.
- Informację, czy dziecko szczególnie się czegoś boi (na przykład psów, kotów).
- Imiona rodzeństwa.

W kwestionariuszu należy umieścić wszystko, co pomoże opiekunowi jak najlepiej zająć się dziećmi. Pamiętajcie, żeby teczka była zawsze tam, gdzie odbywa się spotkanie dziecięcego klubu. Powodzenia!

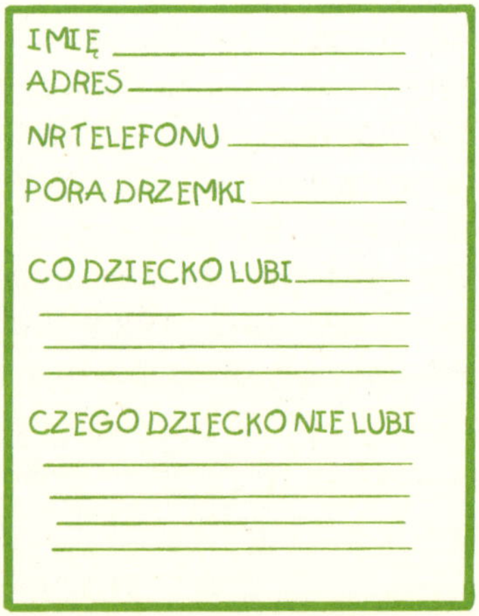

Spółdzielnia opiekunów

Spółdzielnia opiekunów to zupełnie coś innego niż klub dziecięcy. Chcąc zorganizować spółdzielnię, trzeba nieco więcej wysiłku, ale efekt zazwyczaj okazuje się wart trudu. Najpierw należy sporządzić listę chętnych do przystąpienia do grona opiekunów. Gdy potem członek spółdzielni potrzebuje osoby do zajęcia się dzieckiem, dzwoni do ludzi ze spisu i szuka kogoś, kto w danym terminie może zaopiekować się maluchem. Jeden z członków grupy notuje informacje o wszystkich dyżurach. Jeśli opiekowałaś się czyimś dzieckiem przez trzy godziny, jego rodzice powinni później poświęcić twojemu synkowi albo córeczce tyle samo czasu. Opiekun zwykle zajmuje się dzieckiem u siebie w domu, jako że najczęściej sam ma dzieciaki. Dzięki spółdzielni nie trzeba płacić za opiekę nad dziećmi, jest też okazja, żeby częściej porozmawiać z innymi młodymi rodzicami. Nie zwlekaj, zaproś znajomych i podejmijcie decyzję o zorganizowaniu spółdzielni opiekunów.

Pomoc domowa

326

Zanim wynajmiesz kogoś do pomocy w domu, pomyśl:

- Czy potrzebujesz, żeby ktoś zajął się domem, kiedy ty opiekujesz się dzieckiem, czy też odwrotnie – wolisz, by ktoś inny zajmował się dzieckiem, kiedy ty będziesz sprzątać i gotować.
- Zrób listę obowiązków gosposi, na przykład: opieka nad dzieckiem, pranie, gotowanie, sprzątanie itd.
- Najlepiej, by pomoc domową polecił ci ktoś znajomy, w innym wypadku żądaj referencji. Możesz też dać ogłoszenie do gazety, że poszukujesz gosposi do zajęć.
- Kiedy rozmawiasz z kandydatką, dokładnie opowiedz, czego będziesz wymagać, i obserwuj reakcję. Nieprofesjonalna gosposia może porządnie utrudnić życie.
- Upewnij się, że gosposia zna zasady udzielania pierwszej pomocy. Zostaw jej numery telefonów, pod którymi będziesz dostępna w nagłych wypadkach.
- Jeśli dziecko jeszcze nie mówi, niech pomoc domowa notuje, ile spało, czy się kąpało, co jadło, czy było na spacerze, w co się bawiło. Możesz ułatwić gosposi to zadanie i przygotować arkusz z odpowiednimi rubrykami, które ona będzie tylko wypełniać.
- Jeżeli nie jesteś pewna, czy gosposia – gdy nie ma cię w domu – należycie zajmuje się dzieckiem, poproś kogoś z rodziny albo przyjaciela, by przez kilka dni niespodziewanie wpadał do was w czasie twojej nieobecności. Jako matka masz pełne prawo upewnić się, czy twoje dziecko ma właściwą opiekę.

Jak dzieci bawią się razem?

Kiedy dzieci są jeszcze bardzo małe, nie ma mowy o prawdziwie wspólnej zabawie, mimo to maluchy na swój sposób starają się nawiązać kontakt z rówieśnikami – patrzą na siebie, uśmiechają się. Przejrzyj rozdziały tej książki „Na podłodze", „Język i dźwięki", „Ruch", poszukaj w nich zabaw dla pojedynczych maluchów i dla grupy. Nieco starsze dzieci najpierw zaczną się bawić blisko siebie, a po jakimś czasie przejdą do zabaw wspólnych. Zachęcaj je, aby zbliżyły się do rówieśników.

Uspokojenie

Dzieci podniecone intensywną zabawą uspokajają się dzięki masażowi piłką. Połóż wszystkich podopiecznych na dywanie albo materacach i weź gumową piłkę, nie za mocno nadmuchaną. Delikatnie przesuwaj ją po ciele pierwszego dziecka, od paluszków u stóp aż do buzi. Potem wymasuj rączki i nóżki. Wszystkie maluchy będą chichotać i niecierpliwie czekać na swoją kolej. Masując jedno, mów do reszty: – Piłeczka się toczy, toczy, toczy, zaraz przytoczy się do ciebie!

Parada zabawek

Urządźcie paradę. Jeśli są w klubie maluchy, które jeszcze nie raczkują, niech starsze dzieci, trzymając w objęciach ulubione zabawki, krążą (albo się czołgają) wokół nich. Możesz rozdać podopiecznym szarfy, wstążki – spodoba im się wymachiwanie zwiewnymi szmatkami. Dorośli też uczestniczą w zabawie: co kilka minut zmieniają lidera pochodu, jako że każdy maluch powinien być przez chwilę na czele parady. Gdy dzieci podrosną, lider może podskakiwać, wirować, wymachiwać nóżkami, a reszta będzie go naśladowała.

Mały zajączek Fu Fu

Ta zabawa należy do szczególnie lubianych. Dzieci śmieją się cały czas, z zainteresowaniem patrzą, jak niegrzeczny pluszowy zajączek skacze po pokoju, kiedy zaś zostaje upomniany, z zapałem wygrażają mu paluszkiem.

Mały zajączek Fu Fu (pluszowy zwierzak skacze po podłodze)
Biegł przez las wesoło.
Wypłoszył polną myszkę (zajączek straszy myszkę)
I przewrócił ją na grzbiet (zajączek przewraca myszkę).
Nagle zjawiła się dobra wróżka (wyciągnij zza pleców drugą rękę, w której trzymasz jakąś laleczkę)
I rzekła: Mały zajączku Fu Fu,
Nie wolno płoszyć polnych myszek (potrząsajcie palcami przed nosem zajączka)
I przewracać ich na grzbiet.
Dam ci jeszcze dwie szanse (albo więcej; wystaw tyle palców, ile szans dostanie zajączek),
A jeśli będziesz znów niegrzeczny (dzieci wygrażają zajączkowi paluszkami),
Zamienię cię w ropuchę.

W kółku

Dzieci lubią siedzieć w kole, słuchać historyjek, bawić się wspólnie jakąś zabawką, śpiewać – lubią mieć towarzystwo rówieśników. Opiekun też jest zadowolony, bo ma wtedy na oku całą grupę. Przeczytaj maluchom kilka opowiastek i porozmawiajcie o ich bohaterach albo o rzeczach wspominanych w książce; pytaj: – Czy jest tu gdzieś taka czerwona kamizelka, jaką nosił kot w butach? – Dzieci uwielbiają teatralne efekty, więc przy czytaniu staraj się po aktorsku modulować głos. Potem maluchy mogą wspólnie pobawić się przyniesionymi z domu zabawkami. Jeśli nie nauczyły się jeszcze dzielić swoją własnością z innymi, ty po kolei podnoś w górę ich zabawki i opisuj je. Potańczcie razem przy muzyce, pośpiewajcie. Zabawa w teatrzyk kukiełkowy także na pewno wszystkim się spodoba. Jeśli dzieci są już dostatecznie duże, niech same, z twoją niewielką pomocą, przygotują króciutkie przedstawienie lalkowe i odegrają je rodzicom, którzy przyszli zabrać je do domu. Zabawa w kółku może mieć wiele odmian. Nie każ tylko dzieciom siedzieć spokojnie, nie znoszą tego!

Woreczki z fasolą

W wielu zabawach przydają się woreczki napełnione suszoną fasolą. Kiedy dziecko jest jeszcze malutkie, może je trzymać w rączce i ssać, gdy podrośnie, zacznie je podrzucać. Oto kilka zabaw dla dziecięcego klubu:

- **Woreczki fruwające:** ktoś wysoko rzuca woreczki, a dzieci próbują złapać je do wiaderek.
- **Woreczki raczkujące:** każdemu maluchowi połóż na plecach woreczek i zachęć, by raczkował po pokoju. Gdy jakiś woreczek spadnie, od razu podnoś go i kładź z powrotem na grzbiecie dziecka.
- **Woreczki w kółku:** połóż na podłodze koło do zabawy w hula-hop, niech dzieci starają się wrzucić do środka woreczki. Zacznijcie, stojąc blisko koła, potem stopniowo odsuwaj dzieci dalej.
- **Woreczek przesuwany:** włącz muzykę, usiądźcie w kole. Niech woreczek przechodzi z rąk do rąk; kiedy muzyka jest powolna, i wy ruszajcie się powoli, kiedy skoczna – przyspieszajcie.

Gdy melodia ucichnie, a jakieś dziecko w tym momencie będzie trzymało woreczek, to musi wstać i zatańczyć zwariowany taniec.

Na pewno sami wymyślicie jeszcze wiele gier z woreczkami fasoli.

Bieg z atrakcjami

Wszystkie dzieci lubią biegać, raczkować przez tunele, rzucać piłką, podskakiwać. Zaplanuj dla swoich podopiecznych nieskomplikowane zawody – na przykład: niech po kolei biegną do pobliskiego drzewa, po drodze wskakują na mały kamień, potem czołgają się do kwiatka, a na koniec klaszczą dwa razy. Kiedy wszystkie dzieciaki przebiegną już wyznaczoną trasę, zacznij kolejkę od początku. Dzieci będą się cieszyły zarówno biegiem, jak i obserwowaniem kolegów. Potem urządź bieg za liderem, który będzie decydował, co wszyscy mają po drodze robić.

Zastygamy

Większość maluchów to zapaleni tancerze. Uwielbiają wyginać się, kręcić w kółko, skakać. Włącz muzykę i powiedz dzieciom, by tańczyły, dopóki muzyka nie ucichnie – kiedy umilknie, wszyscy powinni znieruchomieć w pozach, jakie akurat przybrali. Przedtem mogą maszerować, raczkować, skakać – robić, co dusza zapragnie – ale kiedy muzyka cichnie, mają się natychmiast zatrzymać. Baw się razem z dziećmi – to dobre ćwiczenie!

Kilka innych zajmujących zabaw

Szymek mówił: Powiedz: – Szymek mówił, że dotknął twojego noska – i dotknij swojego, a dzieci niech cię naśladują. Znów wykonaj jakiś prosty gest, naśladując wyimaginowanego Szymka, i zachęć dzieci, by go powtórzyły. Potem z kolei maluchy będą powtarzały słowa i gesty Szymka. Oczywiście, imię „Szymek" nie jest obowiązkowe, możecie używać innego.

Zabawa w chowanego: Pozwala ci mieć na oku wszystkie dzieci. Maluchy najczęściej „chowają się" tak, że są doskonale widoczne – dziecko zasłoni buzię piłką i już uważa, że się świetnie ukryło. Zatem nawet jeśli doskonale widzisz wszystkie maluchy, udawaj, że pilnie ich szukasz; pytaj: – Ojej, gdzie jest...? (wymieniaj po kolei imiona wszystkich dzieci).

Za mną!: Jedno z dzieci staje na czele pochodu, wszystkie maluchy podążają za nim i naśladują jego gesty.

Spróbuj sama wymyślić kilka innych gier albo, jeszcze lepiej, zapytaj rodziców, czy pamiętają, w co się kiedyś bawili.

Pożegnanie

Każde pożegnanie jest smutne! Nikogo nie dziwią łzy w takiej chwili, przecież nawet dorośli często płaczą na dworcach czy lotniskach. Oto parę rad, które ułatwią tobie i dziecku rozstanie:

- Nie martw się, jeśli się dowiesz, że w czasie twojej nieobecności dziecko płakało, ssało kciuk, dąsało się, było krnąbrne. To zupełnie normalne reakcje.
- Kiedy po raz pierwszy zostawiasz dziecko, nie wychodź na długo. Powinnaś stopniowo oswajać je z twoimi coraz dłuższymi nieobecnościami.
- Jeśli zostawiasz malucha w obcym miejscu, przed wyjściem zapoznaj go z nim – twój synek albo córeczka poczuje się wtedy bezpieczniej.
- Pozwól dziecku opowiedzieć ci, co czuje, kiedy się żegnacie. Wysłuchaj go uważnie, powtórz, co usłyszałaś, i zapewnij, że ty też będziesz bardzo tęsknić, ale przecież wrócisz.
- W obcym miejscu zostaw maluchowi coś, co kojarzy mu się z domem, z mamą: klucze, swój szalik, rękawiczkę, nagranie z twoim głosem.
- Bądź uczciwa, nie mów, że za chwilę będziesz z powrotem, jeśli znikasz na dłużej.
- NIGDY nie wymykaj się po kryjomu.

Jedzenie

Pierwszy sok z jabłek

**dla niemowląt karmionych piersią
od 7. miesiąca życia
dla niemowląt żywionych sztucznie
od 5. miesiąca życia**

Świeże, dojrzałe jabłko umyj, dokładnie obierz, sparz wrzącą wodą i zetrzyj na drobnej tarce. Utarte jabłko przełóż do gęstego sitka i łyżeczką wyciśnij sok do wyparzonego porcelanowego kubeczka.

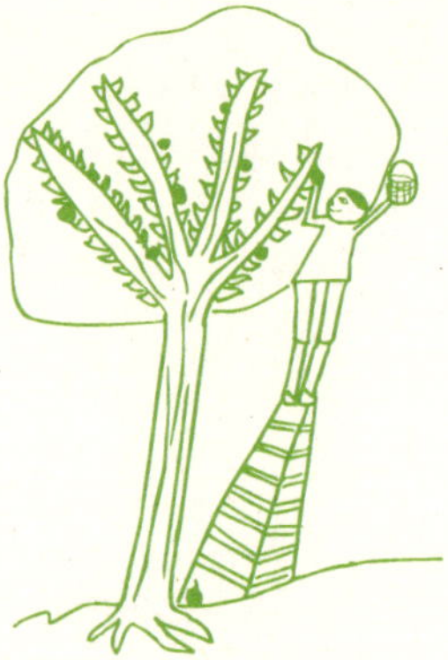

Sok z marchwi

**dla niemowląt karmionych piersią
od 7. miesiąca życia
dla niemowląt żywionych sztucznie
od 5. miesiąca życia**

Marchew średniej wielkości dokładnie wyszoruj szczoteczką do warzyw, a następnie oskrob, bardzo starannie opłucz, sparz wrzącą wodą i zetrzyj na drobnej tarce, wcześniej także sparzonej wrzątkiem. Utartą marchew włóż do wyparzonego gęstego siteczka i wyciśnij łyżeczką sok do filiżanki. Marchew przepłucz 1–2 łyżeczkami przegotowanej wody. Jeśli nie mamy gęstego sitka i kawałeczki marchwi przechodzą do soku, na sitko należy położyć kawałek wygotowanej gazy.

Zupa jarzynowa z dodatkiem oliwy z oliwek

dla niemowląt karmionych piersią od 7. miesiąca życia
dla niemowląt żywionych sztucznie od 5. miesiąca życia

jedna porcja – około 180 g

Przygotuj:
90 g obranych warzyw, w tym pół średniej marchwi (50 g), pół ziemniaka (30 g), łyżeczkę pokrojonej w kostkę pietruszki (10 g) oraz ćwiartkę małego jabłka (25 g), łyżeczkę kleiku ryżowego (3 g), łyżeczkę oliwy z oliwek (5 g), około 90–120 g wody.

Marchew, pietruszkę i ziemniaka umyj, cienko obierz, opłucz. Jabłko opłucz, obierz. Przygotuj podane wyżej ilości warzyw. Zagotuj wodę. Włóż warzywa, ugotuj do miękkości, na wolnym ogniu, pod przykryciem (około 15 minut), pod koniec gotowania dodaj cząstki jabłka. Zdejmij zupę z ognia, przetrzyj przez sitko lub zmiksuj. Dodaj oliwę z oliwek, kleik ryżowy, wymieszaj, zagotuj. Z podanej ilości produktów powinnaś otrzymać około 180 g zupy. Ewentualnie uzupełnij wrzącą wodą. Zupę podawaj dziecku po schłodzeniu do właściwej temperatury – niewielka ilość potrawy umieszczona na wewnętrznej stronie przegubu ręki powinna dawać przyjemne wrażenie ciepła.

Mięso kurcząt z jabłkiem

dla niemowląt karmionych piersią od 7. miesiąca życia
dla niemowląt żywionych sztucznie od 6. miesiąca życia

jedna porcja – 150 g plus 10–20 g ugotowanego mięsa z piersi kurczaka

Przygotuj: średnie, obrane jabłko (100 g), łyżeczkę kleiku ryżowego (3 g), 20 g surowego mięsa z piersi kurczaka, po ugotowaniu 10 g, czyli 2 łyżeczki, łyżeczkę świeżego masła (5 g), 50–170 g wody.

Dojrzałe, świeże, zdrowe jabłko opłucz, przekrój na ćwiartki, usuń gniazdo nasienne. Zagotuj wodę, włóż jabłko i rozgotuj. Przetrzyj przez sitko lub zmiksuj. Ugotuj osobno mięso z piersi kurczaka, wyjmij na czysty sparzony wrzątkiem talerzyk i ostrym nożem drobno posiekaj. Około 2 łyżeczek posiekanego mięsa dodaj do przecieru z jabłka, dodaj kleik ryżowy, masło, wymieszaj i zagotuj. Podawaj dziecku po lekkim schłodzeniu.

Uwaga: starszym niemowlętom zwiększamy ilość gotowanego mięsa w potrawce: w 9. miesiącu życia do 15 g, w 10.–12. miesiącu do 20 g.

Deser ryżowo-jabłkowy

dla niemowląt karmionych piersią od 7. miesiąca życia
dla niemowląt żywionych sztucznie od 6. miesiąca życia

jedna porcja – 150 g

Przygotuj: małe obrane jabłko (100 g), 2 łyżeczki kleiku ryżowego (5–6 g), łyżeczkę cukru (5 g), około 50 g wody.

Jabłko opłucz, obierz, pokrój w cząstki. Zagotuj wodę z cukrem, dodaj jabłko, gotując krótko rozgotuj. Następnie przetrzyj jabłko przez sitko lub zmiksuj, dodaj kleik ryżowy, wymieszaj, zagotuj. Podawaj dziecku po schłodzeniu jako deser.

Kisiel mleczny z żółtkiem

dla niemowląt żywionych sztucznie od 7. miesiąca życia

jedna porcja – 150 g

Przygotuj: 5 miarek mleka modyfikowanego następnego (około 22 g), około 135 g wody, łyżeczkę mączki ziemniaczanej (5 g), pół żółtka (10 g).

Wodę butelkowaną, przeznaczoną dla niemowląt i małych dzieci, podziel na dwie części. W jednej rozprowadź mączkę ziemniaczaną i ciągle mieszając, zagotuj na małym ogniu. Jajo umyj starannie, sparz wrzątkiem, skorupkę rozbij, oddziel białko od żółtka. Dodaj pół żółtka do kisielu, rozprowadź mieszając, zagotuj jeszcze raz. W drugiej części wody rozprowadź proszek mleczny. Połącz mleko i kisiel z rozprowadzonym żółtkiem. Podawaj dziecku z przecierem owocowym lub sokiem przecierowym.

Zupa pomidorowa z ryżem i mięsem królika

dla niemowląt karmionych piersią od 7. miesiąca życia
dla niemowląt żywionych sztucznie od 7. miesiąca życia

jedna porcja – 180 g plus 10 g ugotowanego mięsa królika

Przygotuj: 120 g obranych warzyw, w tym: pełną łyżkę pokrojonej w kostkę marchwi (50 g), pół dojrzałego pomidora (50 g), łyżeczkę pokrojonej w kostkę pietruszki (20 g) oraz łyżeczkę kleiku ryżowego (3 g), łyżeczkę świeżego masła (5 g), 120 g wody, 20 g surowego mięsa królika – po ugotowaniu 2 łyżeczki (10 g).

Marchew i pietruszkę umyj starannie, cienko obierz, opłucz, pokrój w kostkę, przygotuj odpowiednie ilości. Zagotuj wodę, dodaj chude mięso królika i gotuj około 10 minut. Następnie dodaj pokrojoną marchew i pietruszkę, gotuj na małym ogniu, pod przykryciem, do miękkości (około 10 minut). Pomidor umyj, sparz wrzącą wodą, opłucz chłodną wodą, obierz ze skórki, przekrój na pół. Dodaj do zupy pod koniec gotowania. Ugotowaną zupę zmiksuj razem z mięsem, dodaj kleik ryżowy, masło, wymieszaj wszystkie składniki, zagotuj. Podaj dziecku po sprawdzeniu temperatury.

Jarzynka z mięsem cielęcym

dla niemowląt karmionych piersią od 7. miesiąca życia
dla niemowląt żywionych sztucznie od 7. miesiąca życia

jedna porcja – 150 g plus 10 g ugotowanej cielęciny

Przygotuj: około 90 g obranych warzyw, w tym pół marchwi (50 g), 2 zielonej fasolki (10 g), pół małego ziemniaka (30 g), pół łyżeczki zielonej pietruszki, łyżeczkę oliwy z oliwek, około 90 g wody, 20 g chudego cielęcego surowego mięsa.

Marchew i ziemniaka starannie wyszoruj, obierz i opłucz. Przygotuj podane ilości. Pokrój marchew w talarki, ziemniaki w kostkę. Zieloną pietruszkę także opłucz, osącz i drobno posiekaj. Strączki fasoli obetnij na końcach, opłucz, pokrój na cząstki. Zagotuj wodę. Do wrzącej wody włóż pokrojone warzywa oraz mięso cielęce, gotuj pod przykryciem do miękkości. Po ugotowaniu zmiksuj, dodaj oliwę z oliwek, zieloną pietruszkę, zagotuj mieszając. Podaj dziecku po schłodzeniu.

Zupa jarzynowa z płatkami jęczmiennymi

dla niemowląt karmionych piersią od 10. miesiąca życia
dla niemowląt żywionych sztucznie od 10. miesiąca życia

jedna porcja – około 200 g

Przygotuj: 100 g obranych warzyw, w tym pół małej marchwi, pół ziemniaka, łyżeczkę startej na drobnej tarce jarzynowej pietruszki (10 g), łyżeczkę startego na drobnej tarce selera (10 g), łyżeczkę płatków jęcziennych błyskawicznych (3 g), 40 g surowego mięsa z piersi kurczaka – po ugotowaniu 4 płaskie łyżeczki (20 g), około 120–150 g wody.

Warzywa umyj, obierz, opłucz. Przygotuj odpowiednie ilości. Marchew i ziemniaka pokrój bardzo drobno w kostkę. Zagotuj w niewielkim naczyniu wodę, dodaj mięso, pokrojone warzywa i gotuj pod przykryciem na wolnym ogniu około 10 minut. Dodaj starte na tarce seler i pietruszkę. Pod koniec gotowania dodaj płatki jęczmienne, chwilę pogotuj. Zdejmij z ognia potrawę. Z zupy wyjmij ugotowane mięso i drobno posiekaj na desce lub talerzyku. Dodaj do zupy. Przelej porcję krupniku na talerz, cząstki marchwi i ziemniaka podawaj dziecku rozgniecione łyżeczką. Pamiętaj o właściwej temperaturze potrawy.

Pasta drobiowo-jarzynowa – dodatek do pieczywa

dla niemowląt karmionych piersią od 10. miesiąca życia
dla niemowląt żywionych sztucznie od 10. miesiąca życia

jedna porcja – 20–30 g

Przygotuj: surowe mięso z piersi indyka (40 g), 50 g włoszczyzny, w tym ćwiartkę małej marchwi (25 g), ćwiartkę małej pietruszki (10 g), cząstkę cebuli (5 g), cząstkę selera (10 g), ugotowane żółtko (20 g), łyżeczkę oleju sojowego (5 g), pół łyżeczki drobno posiekanej zielonej pietruszki, około 100 g wody.

Warzywa umyj, obierz, opłucz, przygotuj odpowiednie ilości. Mięso opłucz. Zagotuj wodę, dodaj włoszczyznę, mięso, gotuj do miękkości. Ugotowane warzywa, mięso i żółtko przepuść przez maszynkę do mięsa. Dodaj olej, drobno posiekaną pietruszkę, wymieszaj. Pastą smaruj cienko pokrojoną miękką część bułki. Podawaj dziecku w małych cząstkach na śniadanie lub kolację.

Owoce z jogurtem

dla niemowląt żywionych sztucznie od 10. miesiąca życia

jedna porcja – około 200 g

Przygotuj: pół średniego jabłka (50 g), pół średniej gruszki (50 g), 2 śliwki (40 g), łyżkę naturalnego jogurtu (30 g), ćwierć szklanki wody (60 g).

Umyj starannie owoce. Jabłko i gruszkę cienko obierz, ilości pokrój na cząstki i włóż do rondelka z wrzącą wodą. Śliwki przekrój, usuń pestki, dodaj do owoców w rondelku. Gotuj pod przykryciem około 10 minut. Po ugotowaniu owoce zmiksuj, przełóż do porcelanowej miseczki. Po ostygnięciu udekoruj deser jogurtem.

Pulpety z mięsa cielęcego i kaszki manny

dla niemowląt karmionych piersią od 10. miesiąca życia
dla niemowląt żywionych sztucznie od 10. miesiąca życia

jedna porcja – 1–2 sztuki (około 40 g)

Przygotuj: 50 g obranych warzyw, w tym 1/5 małej marchwi (20 g), pół małej pietruszki (20 g), pół łyżeczki pokrojonego w kostkę selera (10 g) oraz 70 g mięsa cielęcego surowego, 2 łyżeczki kaszki manny (10 g), pół łyżeczki zielonej pietruszki (2 g), pół surowego żółtka, około 150 g wody.

Surowe mięso cielęce zmiel – powinnaś otrzymać około 4 łyżeczek mięsa. Jajo starannie umyj, sparz wrzątkiem, oddziel białko od żółtka. Pół żółtka dodaj do mięsa. Zieloną pietruszkę umyj, bardzo drobno posiekaj i dodaj do masy mięsnej. Dodaj kaszę mannę, wymieszaj, uformuj 2–4 okrągłe pulpety. Warzywa umyj, obierz, opłucz, przygotuj odpowiednie ilości, pokrój w kostkę lub zetrzyj na grubej tarce jarzynowej, zagotuj. Włóż pulpety i gotuj na małym ogniu pod przykryciem około 20–30 minut. Możesz podać z ziemniaczkiem purée jako posiłek obiadowy.

Bukiet warzyw z jajem

dla niemowląt karmionych piersią
od 11.-12. miesiąca życia
dla niemowląt żywionych sztucznie
od 11.-12. miesiąca życia

jedna porcja – 150 g plus jajo (50 g)

Przygotuj: 150 g obranych warzyw, w tym 2–3 różyczki kalafiora (50 g), małego ziemniaka (50–60 g), pół małej marchwi oraz świeże kurze jajo (50 g), 2 łyżeczki masła (10 g), pół łyżeczki drobno posiekanego szczypiorku (2 g), szklankę wody.

Marchew i ziemniaka umyj, cieniutko obierz i włóż do wrzącej, lekko osolonej wody. Dodaj 2–3 różyczki kalafiora opłukanego pod bieżącą wodą. Gotuj krótko do miękkości. Przygotuj jajo do usmażenia na parze – starannie umyj, sparz wrzątkiem, rozbij skorupkę, roztrzep widelcem. Na spodeczek wyłóż łyżeczkę masła, wlej jajo i postaw na rondelku z wrzącą wodą. Wodę gotuj tak długo, aż białko jaja się zetnie. Na ogrzany talerzyk przełóż ugotowane jarzyny, usmażone jajo, dodaj łyżeczkę masła i oprósz drobno posiekanym szczypiorkiem. Podawaj dziecku jarzynkę rozgniecioną widelcem lub zachęcaj do samodzielnego jedzenia. Do potrawy można podać kefir lub jogurt.

Twarożek

dla niemowląt karmionych piersią od 11.-12. miesiąca życia
dla niemowląt żywionych sztucznie od 11.-12. miesiąca życia

jedna porcja – około 40 g

Przygotuj: półtorej szklanki mleka o zawartości 3,2% tłuszczu (350 g), 1–2 łyżki śmietany.

Mleko płynne, pasteryzowane, wysokiej jakości przegotuj, ostudź, przelej do czystego porcelanowego naczynia, dodaj śmietanę i starannie rozmieszaj. Przykryj i pozostaw do ukwaszenia na 24–36 godzin w temperaturze pokojowej. Po ukwaszeniu usuń warstę tłuszczu. Naczynie z mlekiem wstaw do gorącej wody i lekko ogrzewaj do ścięcia sernika. Po odcedzeniu sernik powinien być miękki i łatwo rozcierać się na gładką masę. Twarożek podawaj dziecku z biszkoptem lub przecierem owocowym albo jako dodatek do pieczywa pszennego.

Uwaga: mleko UHT (Ultra High Temperature), które zostało poddane obróbce termicznej w temperaturze około 135 stopni przez co najmniej sekundę, przelane do kartonu, nie nadaje się do ukwaszenia.

Napar ziołowy

jedna porcja – 15–200 g

Przygotuj: łyżeczkę kopru włoskiego i rumianku (3 g), płaską łyżeczkę cukru (5 g), 150–200 g wody.

Zioła wymieszane razem odmierz, zalej wrzątkiem w kubku i zostaw na 15 minut pod przykryciem, potem przecedź przez gęste sitko. Lekko osłodź. Napar doskonale gasi pragnienie, ułatwia trawienie. Niemowlętom napary ziołowe należy podawać od czasu do czasu, nie powinny one stanowić podstawy pojenia. Do pojenia najlepiej nadaje się przegotowana dobra jakościowo woda przeznaczona dla niemowląt i małych dzieci.

Owoce w czekoladzie

dla dzieci powyżej 1. roku życia

porcja dla dziecka – 2–3 owoce w polewie czekoladowej

Przygotuj:
banany, truskawki albo poziomki, miękkiego melona, dwie tabliczki półsłodkiej białej albo ciemnej czekolady, łyżkę masła roślinnego lub margaryny, wykałaczki.

Umyj truskawki, osusz papierowym ręcznikiem. Obierz banany i melona, pokrój na spore kawałki. Uważnie mieszając, rozgrzej czekoladę z tłuszczem w kąpieli wodnej (naczynie z czekoladą włóż do większego garnka z wodą i dopiero wtedy postaw na ogniu; woda powinna być gorąca, ale nie wrząca). Potem wyjmij garnek z rozpuszczoną czekoladą i wlej ją do niewielkiej miski. Gdyby zaczęła twardnieć, włóż miskę na chwilę do kąpieli wodnej. W każdą truskawkę, w każdy kawałek banana i melona wetknij wykałaczkę. Zanurzajcie owoce po kolei w czekoladowym sosie, potem włóżcie je do lodówki i poczekajcie, aż czekolada zastygnie.
Owoce w czekoladzie to doskonałe danie na bale i przyjęcia dziecięce.

Jajko w bułeczce

danie dla całej rodziny

porcja dla dziecka powyżej 1 roku życia – połówka bułki plus jajo

Przygotuj:
4 bułeczki na hamburgery, 4 jajka, miękkie masło, sól i pieprz, 8 plasterków żółtego sera.

Każdą bułeczkę przekrój na pół, lekko wydrąż. Posmaruj środki masłem i połóż bułeczki na blaszce wyłożonej papierem do pieczenia lub folią. Do każdej wbij jajko, lekko dopraw i włóż do piekarnika rozgrzanego do 180 stopni. Kiedy jaja się zetną, na każdej połówce połóż plasterek sera. Podgrzewaj jeszcze przez 5 minut, aż ser się stopi. Podawaj ciepłe. Młodszym dzieciom należy bułkę trzeba pokroić. Podawaj z sokiem warzywnym lub warzywno-owocowym albo lekką herbatką z cytryną.

Pieczone parówki

danie dla całej rodziny

porcja dla dziecka powyżej 1. roku życia – 1 parówka plus sok warzywny lub warzywno--owocowy

Przygotuj:
6 kromek chleba (po pokruszeniu powinny wypełnić dwie szklanki), ćwierć łyżeczki soli, ćwierć filiżanki stopionego masła, 10 parówek drobiowych, 10 plasterków żółtego sera, 10 plasterków chudej szynki, wykałaczki.

Razem z dzieckiem starannie rozkrusz chleb. Dokładnie wymieszaj go z solą i masłem. Każdą parówkę głęboko natnij wzdłuż, wypełnij nadzieniem, owiń plasterkiem sera oraz szynki i zepnij wykałaczką. Poukładaj parówki w dużym żaroodpornym naczyniu wysmarowanym masłem i piecz około pół godziny w piekarniku rozgrzanym do 180 stopni. Danie doskonałe na ciepło i na zimno – świetnie nadaje się na piknik.

Uwaga: z porcji dla dzieci usuń wykałaczki przed podaniem!

Pyszności z kuchni babci

danie dla całej rodziny

Przygotuj:

2 filiżanki kiełków pszenicy, pół filiżanki wiórków kokosowych, pół filiżanki migdałów (nie dodawaj, jeśli dziecko nie ma jeszcze trzech miesięcy), pół filiżanki otrąb albo płatków owsianych, pół filiżanki masła, pół filiżanki miodu, pół filiżanki rodzynków lub pokrojonych daktyli.

Sypkie składniki umieść w osobnych naczyniach, tak aby dziecko mogło samo wsypać je do dużej miski. Wspólnie wymieszajcie kiełki z wiórkami kokosowymi, otrębami i rozdrobnionymi migdałami. Dołóż masło roztarte z miodem. Dodaj rodzynki lub pokrojone daktyle. Wymieszaj, uformuj kulki i rozłóż na blaszce wyłożonej papierem do pieczenia. Piecz w temperaturze 150 stopni przez 20 minut, aż się zrumienią. Zanim włożysz ciastka do szczelnego pojemnika, muszą być ostudzone.

Artystyczne naleśniki

danie dla całej rodziny

Przygotuj:

4 jabłka, półtorej filiżanki mąki, półtorej filiżanki mleka, 4 łyżki oleju roślinnego, 3 jajka, łyżkę cukru, tłuszcz do smażenia (olej lub masło), dowolny dżem.

Mąkę i 1/3 mleka wymieszaj na gęste ciasto, dodaj jajka i sól. Dolej resztę mleka, znowu dokładnie wymieszaj. Obierz jabłka i pokrój na cienkie plasterki i paski (skrop je sokiem z cytryny, żeby nie zbrązowiały). Na patelni rozpuść tłuszcz i wsyp cukier. Gdy cukier się zrumieni, zmniejsz ogień. Dziesięć plasterków jabłka ułóż na patelni w kształcie wachlarza i zrumień. Nalej cienką warstwę ciasta na jabłkowy wachlarz i smaż około 2 minut. Odwróć placek i smaż kolejne 2 minuty. Połóż gotowy placek na żaroodpornym talerzu i włóż do piecyka, żeby nie ostygł. Wzory do następnych naleśników ułóż według sugestii dziecka. Po skończonym smażeniu wyjmij naleśniki z piekarnika, posmaruj dżemem i... smacznego!

Uwaga:

artystyczne naleśniki można przyrządzać z różnymi owocami.

Kurczak dla wielbicieli miodu

danie dla całej rodziny

Przygotuj:

4 kurze piersi bez kości i skóry, pół filiżanki masła, 2 łyżki mąki, 2 łyżki musztardy, pół filiżanki kukurydzianych płatków śniadaniowych, pół filiżanki mąki kukurydzianej, łyżeczkę soli, ćwierć łyżeczki papryki, płynny miód.

Podziel piersi kurczaka na niewielkie kawałki. Utrzyj mąkę i musztardę z miękkim masłem, aż masa będzie gładka. Zanurz kawałki kurczaka w masie maślanej, potem starannie obtocz je w płatkach i przyprawach. Włóż do żaroodpornego płaskiego naczynia, wyłożonego folią i posyp wiórkami masła. Piecz przez 35 minut w piekarniku rozgrzanym do 180 stopni, aż mięso będzie miękkie. Następnie maczaj kawałki kurczaka w miodzie i podawaj z ryżem. Upieczone kurze piersi można przechowywać w lodówce.

Dobre rady:

Małe dziecko nie potrzebuje specjalnych, wyszukanych dań. Powiedz mu, żeby spróbowało tego, co jest na stole. Jeśli maluchowi nie zasmakuje, powtarzaj danie co jakiś czas, podając małe porcje. Z czasem polubi większość potraw, na które się wcześniej krzywiło.

Laura Sullivan, Golden Valley

Kolorowe tortowe kanapki

danie dla całej rodziny

Przygotuj:
odsączonego tuńczyka w sosie własnym z puszki, jedną trzecią filiżanki majonezu, odrobinę soli, średnią marchew, ćwierć filiżanki rodzynków, 5 dużych kwadratowych kromek chleba (najlepiej tostowego).

Wymieszaj tuńczyka z majonezem i solą, dodaj startą marchewkę, rodzynki, wymieszaj. Posmaruj każdą kromkę warstwą masy, połóż na tym kolejną kromkę, dobrze przyciśnij, na niej znów rozsmaruj pastę i przyciśnij następny kawałek chleba; kontynuuj, aż powstanie „tort" z pięciu kromek. Podziel tort na porcje. Jeśli dzieci nie lubią tuńczyka, to wymieszaj majonez z posiekaną wędliną i startym serem.

Rozwój

Pierwsze dwa miesiące życia dziecka – praca mięśni dużych i mniejszych

Dziecko na tyle panuje nad dużymi mięśniami, że:

- może podnosić na chwilę główkę
- jest w stanie poszukać czegoś do ssania
- przekręca główkę, jeśli trudno mu oddychać
- nie panuje jednak nad ramionkami i nóżkami.

Dziecko na tyle panuje nad mniejszymi mięśniami, że:

- zaciska piąstki
- trzyma to, co dano mu do rączki
- wytrzeszcza oczka na przedmioty
- wytrzeszcza oczka na twarze
- unika ostrego światła
- zaczyna koncentrować wzrok na obiektach.

Dzieci w ciągu pierwszych dwóch miesięcy życia często jedzą, dużo siusiają, mają napady czkawki, kichają, śpią, ziewają i wydają frapujące dźwięki.

Pierwsze dwa miesiące – uczucia i myśli

Dziecko wyraża uczucia i poznaje świat:
- płacze
- czasem się uśmiecha
- reaguje, kiedy jest noszone
- uspokaja się na widok znajomych twarzy
- nawiązuje kontakt wzrokowy
- nie ma poczucia własnej, odrębnej tożsamości.

Oznaki, że mózg dziecka sprawnie pracuje:
- maluch wodzi oczami za poruszającymi się ludźmi i przedmiotami
- bierze do buzi, żuje wszystko, co mu wpadnie w rączkę
- słucha.

Od trzeciego do piątego miesiąca – praca mięśni dużych i mniejszych

Dziecko na tyle panuje nad dużymi mięśniami, że:
- zaczyna kontrolować ruchy ramion i nóżek
- jest w stanie dłużej utrzymać uniesioną główkę
- kopie.

Dziecko na tyle panuje nad mniejszymi mięśniami, że:
- od czasu do czasu rozluźnia zaciśnięte piąstki
- wyciąga ramionka ku przedmiotom wiszącym nad jego główką i próbuje je złapać.

Maluchy w tym okresie życia mogą też ssać piąstki i ciągnąć mamę czy tatę za włosy i uszy!

Od trzeciego do piątego miesiąca – uczucia i myśli

Dziecko wyraża uczucia i poznaje świat:
- gaworzy
- uświadamia sobie, że rączki i nóżki to części jego własnego ciała
- bada buzię rączkami
- rozpoznaje mamę i innych członków rodziny
- odpowiada po swojemu, gdy ktoś do niego mówi.

Oznaki, że mózg dziecka sprawnie pracuje:
- maluch dłużej przygląda się rozmaitym obiektom
- przenosi wzrok z jednej rzeczy na drugą
- trzyma przedmioty w objęciach i długo się z nimi nie rozstaje
- szuka wzrokiem źródła hałasów
- mniej płacze
- gaworzy, mruczy, grucha – do siebie i innych.

Od szóstego do ósmego miesiąca – praca mięśni dużych i mniejszych

Dziecko na tyle panuje nad dużymi mięśniami, że:

- turla się
- przewraca z brzuszka na plecki i z powrotem
- panuje nad ruchami główki
- raczkuje do przodu i do tyłu
- próbuje siadać.

Dziecko na tyle panuje nad mięśniami mniejszymi, że:

- szuka przedmiotów, wyciągając ramię
- łapie wszystko, co znajdzie się w zasięgu jego rączki
- wyjątkowo mocno umie trzymać przedmiot kciukiem i paluszkiem wskazującym
- przekłada rzeczy z rączki do rączki.

Od szóstego do ósmego miesiąca – uczucia i myśli

Dziecko wyraża uczucia i poznaje świat:

- potrafi zamanifestować coraz więcej emocji
- jest bardziej świadome swojego ciała
- reaguje na swoje imię
- zaczyna zyskiwać poczucie własnej tożsamości
- chce samo jeść
- nieprzychylnie reaguje na obcych
- umie zasygnalizować, że potrzebuje pomocy.

Oznaki, że mózg dziecka sprawnie pracuje:

- maluch coraz więcej zapamiętuje
- kiedy nie śpi, jest żwawy, energiczny
- bierze przedmioty do ręki, potem rzuca nimi, przygląda się, jak lecą i upadają
- naśladuje głosy innych
- używa coraz bardziej różnorodnych dźwięków, by wyrażać emocje
- chwyta przedmioty trzymane przez innych.

Od dziewiątego do jedenastego miesiąca – praca mięśni dużych i mniejszych

Dziecko na tyle panuje nad dużymi mięśniami, że:

- coraz sprawniej raczkuje
- raczkuje nie na kolanach, lecz z wyprostowanymi sztywnymi nóżkami
- raczkuje, trzymając coś przy sobie
- gdy chce stanąć, chwyta się mebli
- stoi bez pomocy
- umie utrzymać się w pozycji stojącej
  - krąży po pokoju, łapiąc się mebli
    - samo umie usiąść.

Dziecko na tyle panuje nad mniejszymi mięśniami, że:

- kciukiem i palcem wskazującym podnosi małe przedmioty
- pokazuje, dotyka i szturcha palcem wskazującym.

Od dziewiątego do jedenastego miesiąca – uczucia i myśli

Dziecko wyraża uczucia i poznaje świat:

- zdradza lęk przed samotnością
- okazuje coraz większe przywiązanie najbliższym
- samo je
- pije z kubka
- bardziej interesuje się tym, co się wokół dzieje
- przewiduje regularnie powtarzane czynności.

Oznaki, że mózg dziecka sprawnie pracuje:

- maluch pamięta, co zdarzyło się poprzedniego dnia
- umie się skupić
- chce wiedzieć, „co by było, gdyby...?"
- lubi napełniać i opróżniać pojemniki
- przysłuchuje się rozmowom.

Od dwunastego do siedemnastego miesiąca – praca mięśni dużych i mniejszych

Dziecko na tyle panuje nad dużymi mięśniami, że:

- stoi bez podpierania się
- chodzi, ale i raczkuje
- umie pełzać po schodach w górę i w dół
- potrafi wydostać się z łóżeczka.

Dziecko na tyle panuje nad mniejszymi mięśniami, że:

- potrafi samo się rozebrać
- umie zdjąć buty
- częściej używa jednej rączki niż drugiej

Od dwunastego do siedemnastego miesiąca – uczucia i myśli

Dziecko wyraża uczucia i poznaje świat:

- okazuje wiele różnych emocji
- boi się obcych ludzi i nieznanych miejsc
- zaczyna się orientować, co należy do niego, a co do kogoś innego
- potrafi dać do zrozumienia, że kocha
- reaguje na okazywane mu uczucia
- chce współpracować (choć nie zawsze)
- coraz sprawniej je
- współpracuje podczas ubierania
- odpowiada na proste pytania.

Oznaki, że mózg dziecka sprawnie pracuje:

- maluch potrafi odnajdywać schowane przed nim rzeczy
- naśladuje ludzi
- szuka rozmaitych sposobów rozwiązania problemu
- stosuje w takiej sytuacji metodę prób i błędów
- dużo więcej pamięta
- kojarzy nazwy z przedmiotami
- umie powiedzieć od dwóch do ośmiu słów
- gestykuluje, żeby nawiązać kontakt.

Od osiemnastego do dwudziestego czwartego miesiąca – praca mięśni dużych i mniejszych

Dziecko na tyle panuje nad dużymi mięśniami, że:
- sprawnie chodzi
- potrafi iść stosunkowo szybko
- rzadziej się przewraca
- umie, z pomocą dorosłych, wejść po schodach
- biega – jeszcze nie całkiem sprawnie.

Dziecko na tyle panuje nad mniejszymi mięśniami, że:
- coraz lepiej je
- bazgrze kredkami lub pisakami
- umie rozwiązać sznurowadła i rozpiąć suwak.

Od osiemnastego do dwudziestego czwartego miesiąca – uczucia i myśli

Dziecko wyraża uczucia i poznaje świat:

- maluch udaje, że jest kimś innym
- stara się robić to, co dorośli
- lubi uczestniczyć w pracach domowych
- lepiej kontroluje naturalne potrzeby
- chce się sam ubierać i rozbierać.

Oznaki, że mózg dziecka sprawnie pracuje:

- maluch zastanawia się, zanim zacznie działać
- używa coraz więcej słów
- mówi, żeby zwrócić na siebie uwagę, i potrafi powiedzieć, czego chce (a chce, byśmy poświęcali mu jak najwięcej uwagi).

Dwa latka – praca mięśni dużych i mniejszych

Dziecko na tyle panuje nad dużymi mięśniami, że:

- sprawnie biega, choć wciąż jeszcze miewa kłopoty z zatrzymywaniem się i braniem zakrętów
- swobodnie wchodzi po schodach i schodzi z nich
- rzuca i kopie piłkę.

Dziecko na tyle panuje nad mniejszymi mięśniami, że:

- przewraca strony w książce
- posługuje się sztućcami
- o wiele rzadziej przytrafiają mu się mokre katastrofy
- umie używać szczoteczki do zębów (i pryskać pastą).

Dwa latka – uczucia i myśli

Dziecko wyraża uczucia i poznaje świat:
- jest dumne ze swojej twórczości
- często mówi „nie" wtedy, gdy myśli „tak"
- dąży do samodzielności – „ja sam!"
- zaczyna odróżniać „moje" od „twojego"
- odkrywa, że dzielenie się z innymi wcale nie jest łatwe.

Oznaki, że mózg dziecka sprawnie działa:
- maluch umie nazwać niektóre części ciała
- nabiera wprawy w rozwiązywaniu problemów
- daje sobie radę z układankami złożonymi z dwóch i trzech elementów
- kiedy coś robi, jednocześnie relacjonuje swoje działania
- zwraca się do siebie w trzeciej osobie, używając imienia
- umie powiedzieć dwa, trzy zdania
- posługuje się zaimkami – choć nie zawsze poprawnie.

O autorkach

Sheila Ellison studiowała psychologię na University of Southern California. Jest pomysłodawczynią i autorką (w niektórych wypadkach współautorką) cieszącej się ogromnym powodzeniem serii poradników dla rodziców; tytuł każdej z tych książek rozpoczyna się od liczby dni w roku – *365 dni z kochanym maleństwem*, *365 dni twórczej zabawy*, *365 Smaków dla naszych dzieciaków*, *365 Niegłupich zabaw po szkole*. Nagrała także kurs masażu niemowląt. Ma czworo dzieci.

Susan Ferdinandi jest zastępczynią dyrektora w Little School w Benicii (Kalifornia). Uzyskała stopień magistra na University of Minnesota, należy do ogólnokrajowej amerykańskiej organizacji zajmującej się edukacją młodzieży. Ma dwoje dzieci; opiekę nad nimi, wychowanie i wspólną zabawę uważa za najważniejsze zadanie w swoim życiu.

Autorki pragną gorąco podziękować dzieciom za wspaniałe rysunki zamieszczone w tej książce. Oto podpisy autorów ilustracji:

Przekład: Joanna Andrzejewska

Redaktor prowadzący: Agnieszka Skowron
Korekta: Anna Stawińska
Opracowanie graficzne: Wayne Johnson (za wydaniem oryginalnym)
Przepisy kulinarne zostały opracowane przez Halinę Weker
z Zakładu Żywienia Instytutu Matki i Dziecka w Warszawie.
Konsultacja rozdziału „Rozwój": Marta Barańska

Grupa Wydawnicza Foksal sp. z o.o.
ul. Domaniewska 48, 02-672 Warszawa
tel. 22 826 08 82, 22 828 98 08
e-mail: biuro@gwfoksal.pl
www.gwfoksal.pl

Skład i łamanie: TYPO
Projekt graficzny okładki: Bogdan Kuc
Zdjęcie na okładce:©DinaPhoto/shutterstock.com
Druk i oprawa: Interdruk, Warszawa
Książkę wyprodukowano na papierze Ecco book white dostarczonym przez antalis Just ask Antalis

ISBN 978-83-280-4969-7